外国人に正しく伝えたい
日本の礼儀作法

小笠原敬承斎

光文社新書

はじめに

もてなしの作法には、理由がある

「おもてなし」ということばの認知度は、２０２０年東京オリンピック招致を機に高まりました。

一方、日本の「もてなし」とは、何をもってそのように呼ぶのだろうか、という理由をご存じない方も多いのではないでしょうか。なぜなら、日本文化の根底に流れる「日本人のこころ」を理解なさっていない可能性が推測できるからです。この「こころ」を理解せずして、日本文化を海外の方に伝えられるはずがありません。

日本文化が成り立つまでの過程に、日本人は農耕民族であったことから、自然と共存して生活をしていたという背景があります。大陸から伝わってきた稲作の技術は、北九州から西日本へ広がったといわれますが、縄文時代の後期には稲作農耕がはじまり、成立した集落のなかで統治者が生まれ、統治者同士は次第に対立し、吸収合併していくなかで古代国家が成立しました。

このように社会の規模が大きくなると、身分による階層化が進み、守るべき規則を設けることによって、互いの自己を抑制しながら、社会生活を円滑にしていこうとする考えが生まれます。

こうした流れのなかで、礼儀作法は自然と必要とされ、つくり上げられていったのでしょう。すなわち、自己の抑制が求められる機会が繰り返されることによって、どのようにしたら相手と好ましい人間関係が保てるのであろうか、という一種の行動基準のようなものが確立したわけです。

その基準に、美的基準や道徳的基準が加えられ、日本文化の一端を担う礼儀作法が体系化されていきました。

小笠原流礼法は、室町時代の武家社会において体系化が進められ、確立しましたが、身分制度が厳しい時代のなかでも、規律一辺倒ではなく、融通性を重んじ、状況に応じた行動が大切とされました。

その教えは、小笠原流礼法の伝書に、**「時宜《じぎ》によるべし」**という一文がたびたび記されていることからも読み取れます。

「時宜によるべし」とは、時・場所・状況に応じた行動が重要である、ということです。時宜に応じた行動をとるには、作法の理由がわかっていないとできません。理由がわかると、的確な判断をもとにした自然な行動をとることが可能になるのです。

その理由を、本書を通じてお伝えしてまいりたいと思います。

自然と人、人と人との強い結びつき——日本特有の文化

日本には四季があります。温暖化の影響により、季節の過ごし方には多少なりとも変化があるとはいっても、日本ほど四季の移り変わりがはっきりしている国は少ないでしょう。

地域により時期は多少異なるとしても、苗をつくり、土壌を耕し、田植えをする頃に、雨や風が強ければ、収穫に影響を及ぼし、害虫による被害は昔からあったといいます。自然災害はどうすることもできないものの、それにより人々の生活は脅《おびや》かされるわけですから、神に祈る気持ちが生まれて当然のことといえましょう。

神社にある、しめ縄が張られた神木に見られるように、自然の事物には霊魂が宿るとし、自然による災害も受け入れたうえで、自然と共存して生きていた日本人によって、自然崇拝が存在することは何ら不思議ではありません。

また日本人は、血縁を重んじ、家族や親類との関わりや結びつきを大切にしてきましたが、自然と人、人と人、どちらも互いが強固に結ばれることによって、祭祀《さいし》が生まれ、儀式を重んじ、年中行事などをはじめとする日本特有の文化が形成されました。

このように日本文化は、自然と密接な関係があり、人との強い関わり合いのなかで築かれたという特徴があります。先人たちによって伝承されてきた文化を、今生きる私たち、個人が受け継ぎ、その伝承を柱として、現代生活に合わせて活かすこと、それこそが「伝統」です。日本文化を「伝承」に留まらせてしまっては、文化は衰退の一途をたどってしまいます。

今こそ、長きにわたって育まれてきた日本文化を生活に取り込み、豊かな日々を暮らす。それにより、海外の方に、自信と誇りを持って日本文化を伝えることができるはずです。

日本文化への理解を深める第一歩を踏み出しましょう。

目次

第4章　公共の場での礼儀作法

出版プロデュース・久本勢津子（CUE'S OFFICE）

第1章　「清浄」の意識

◇どうして日本人は、室内で靴を脱ぐのですか

茶室に入る際に、すべきこと

十年以上さかのぼりますが、国内出張で、あるホテルにチェックインした際のことです。「どうぞこちらへお進みください」と、ホテルの女性スタッフの丁寧な案内に誘導され、客室の前に到着し、ドアが開けられました。

何歩か室内へと進み、後ろを振り返ると、スタッフの方は、ドア前で両足の靴を外されました。その後、足もとはストッキングをはいた状態で、室内の奥へと進まれましたが、その姿を拝見し、違和感を拭《ぬぐ》うことができませんでした。

もちろん、室外を歩く靴でそのまま室内に入るより、靴を外すことのほうが丁寧とも考えられますし、そのこころ遣いを否定する気持ちは全くありません。

ただ、私が覚えた違和感をひもとくことが、日本人が靴を脱ぐ理由を明確にする、ひとつのきっかけになるのではないかと思い、あえて例として取り上げたことをご容赦ください。

人は多かれ少なかれ、歩いている間に汗をかきます。足もとにも汗をかくことは当然ですから、ストッキングや靴下は汚れている可能性が高いといえます。白色の靴下であれば、その汚れが、見た目にも表れてしまうかもしれません。

話は少々脱線しますが、茶席においては、茶室に入る前に、足袋《たび》を履き替えます。あるいは洋装の場合には、白色の靴下に履き替えます。

その理由をご存じでしょうか。

その答えを導くために、床の間の存在を思い出してください。

床の間には、掛け軸や花が飾られます。迎える側の、お客様に対するこころが無限に表現できる場所、それが床の間なのです。

また床の間の起源のひとつの説でもあるのですが、床の間とは、僧侶が仏画像に三具足《みつぐそく》(香炉・華瓶・燭台)を手向けて祈っていた場所、ともいわれます。すなわち、床の間は、神聖な空間なのです。

このように、「迎える側のこころを表現する精神世界が広がる床の間」を持つ和室に入るわけですから、足もとも清らかな状態でなければならない、とこころがけることは、当然といえましょう。外を歩いて汚れている足もとを清浄化しようという思いから、足袋の履き替えや、白色のソックスをつける行為に及ぶわけです。

家の内と外、清浄と不浄

こうしたことを鑑《かんが》みると、ホテルスタッフの方が靴を外された際、簡易的にでも、ストッキングの上に足もとを包むソックスのようなものを履かれたとしたら、違和感を覚えなかったかもしれません。が、一方で、そのような行動は、かえって行き過ぎた印象に映る可能性もあります。洋室で靴を外すこと自体が、すでに相手に違和感を与えることも考えられます。

どれが正しいといい切ることはできません。いずれにせよ、日本人は身だしなみを整える際に、足もとにまで清浄感を忘れないことが、相手への配慮に繋《つな》がると考える点をこころに留めていただきたいのです。

日本人の清浄に対する深い思いは、現代生活からも見てとることができます。

たとえば、スリッパについて。

玄関で靴を外したら、室内用のスリッパを履きます。化粧室では、別の化粧室用スリッパに履き替えます。不浄と考える化粧室に入ったスリッパで、ほかの室内を歩くことは失礼と捉えるからです。

あるいは、ハイヤー、タクシー、バスなどの運転手の方のなかに、白の手袋をつけている方がいらっしゃいます。この白の手袋も、車内が清浄であることを示しています。

足もとに清浄を重んじるのですから、指先にも清浄は欠かせません。

日本人は食事の前に化粧室で手を洗います。特に電車やバスなどの公共の乗り物に乗り、つり革などに触れた後は、そのままの状態で食事をすることを不衛生と捉えます。

こうした背景から、日本では、日本料理にかぎらず、フランス料理、イタリア料理、中華料理など、あらゆるジャンルの料理店で、おしぼりが出されることが珍しくありません。特に、パンを含めて、直接手に取っていただくものには、おしぼりがあるほうが安心できます。

なんといっても、土やほこりのついた靴は不浄と考えて玄関で外すくらいなのですから、家の外、しかも地面の上に腰を下ろすことに抵抗があることはいうまでもありません。

家の内と外は、明確に清浄と不浄（穢《けが》れ）とに分けられていることを、十分に理解することができれば、靴を外す理由は、自ずとわかっていただけるのではないでしょうか。

◇床にものを置かないほうがよい理由

地面についたものに対する感覚

訪問先のお宅や日本料理店のお座敷など、靴を外して部屋に上がって過ごす空間では、床に荷物を置くことに関して、それほど気になることは少ないでしょう。

しかし、靴を履いたままの状態で過ごす会社の応接室や会議室、あるいはレストランなどで、床にバッグを置くことには、多少なりとも抵抗感を持つ方は案外いらっしゃるのではないかと思います。

一方、欧米人をパートナーに持つ方から、スーパーマーケットなどで食料品を買った際、パートナーの方が、口に入れる品々が入ったレジ袋を、何の抵抗もなく床や地面に置くことが理解できず、しかし、そうした行為に対して、日本人の抱く違和感、清浄感をなかなかわかりやすく説明できない、と何度か伺ったことがあります。

なぜ日本人は、地面だけでなく、床にものを置くことも好まないのでしょうか。

理由は、前項での説明の通りに、家の外を不浄の対象とするならば、靴裏は、家の外の地面を歩いているので不浄。ゆえに、歩くたびに靴裏が触れているお店の床や電車の床も、不浄の場所と感じるからです。

とはいえ、「それほどまでに神経質になるのはいかがなものか。そのようなことをいいはじめたら、子どもを公園の砂場で遊ばせることもできない。サッカー、ラグビー、野球、バスケットのボールなど、地面や床についたボールに触れることもできない」と思う方がいらっしゃるかもしれません。

たしかに、地面についたものをあげはじめたら、きりがありません。神経質になりすぎて、子どもの持っている可能性や楽しみを、大人が狭めてしまうことは避けたいものです。

しかし忘れてはならないのは、礼儀作法は自分のためだけに存在するのではないということです。清浄感を重んじる思考は、日本に生まれ、育ってきた人の潜在意識のなかに存在している可能性が十分に高いのです。それは、単に、日本人が神経質だということばで片付けられるものではありません。

神への供え物は清浄であることが絶対

「はじめに」でも少し触れましたが、自然には目に見えない絶大な力があり、時に天災は、人々の生活の糧《かて》となる農作物に被害を与え、人命が危機にさらされることもありました。また、江戸時代においても、武士の階級付けは、受け取る俸禄《ほうろく》の米の石高で標示されたことから、日本人は農業、そしてその土台となる自然と切り離した生活感情を持ち得なかったことがうかがえます。

ただし、先人たちは、自然の脅威を恐れるばかりでなく、自然に対して畏敬の念を持ち、日々の暮らしに感謝するこころを、清浄感をもって表すことを大切にしてきました。

神への供え物は清浄であることが絶対で、神へ献上するお米、お酒、海のもの、山のもの、その季節や土地で採れるもの、お塩などを、神饌《しんせん》（御饌《みけ》）としてお供えしました。

また、そのお下がりを頂戴することを「神人共食《しんじんきょうしょく》」と呼びます。

神饌は、白木の三方《さんぼう》（四角の折敷《おしき》の下に三方向に穴のある台がついたもの）にのせて供えます。この神饌を供えることは、神社での祭りの特徴ともいえましょう。

神饌には、生のまま供えられる生饌《せいせん》と、調理を加えてから供えられる熟饌《じゅくせん》があります。

神社では、大きな祭りのときだけでなく、日々、神饌を捧げる儀式が行われています。各家庭に備えられている神棚へも、お米、お酒、お塩、お水が供えられます。神と同様のものをいただくことによって、神との結びつきを強め、力をいただき、加護《かご》を得られるようにと願うのです。

その供え物が不浄とならないよう、供え物を置く場所も、清浄でなければならない。さらには供え物を準備し、供える人は、心身ともに清らかであることが必須。

このように、こころ、身体、ものや環境にまで、不浄が及ばないようにとこころがけます。

神社本庁の「斎戒《さいかい》に関する規定」には、次のことが記されています。

「斎戒中は、潔斎《けっさい》して身体を清め、衣服を改め、居室を異にし、飲食を慎み、思念、言語、動作を正しくし、穢、不浄に触れてはならない」

多くの制約を守り、祭典後の直会《なおらい》までの行事を終えてから、斎戒を解く解斎《げさい》を経て、平常に戻ります。

相手へのこころを清浄感で表現する

また男性と女性に関しても、清浄と不浄に関する考え方がありました。

皆様もご存じの通り、天照大神《あまてらすおおみかみ》は女性の神です。推古天皇、皇極天皇など、女性天皇はこれまでに八名と、古来、女性の社会的立場は高いものでした。

女人不成仏説（女性は成仏できないという説）や、女性は地獄の使いであるなどの考え方が、仏教とともに伝えられましたが、一般に広くいわれていたわけではありません。女性は神に近い存在ともされていました。

平安時代までの結婚の形態は、男性が気に入った女性の家に通い、同居していたことからも、女性の立場が低くなかったことが推測できます。

しかし、疫病や天災などが続き、人々はそれらの理由を穢れにあるとしはじめました。穢れは死、出産、血液にあるとされ、女性は、出産や月経の期間は、別の家で暮らすほどでした。つまり、そうした期間にある女性は、穢れていると捉えられていたわけです。

さらに鎌倉時代以降、社会における男性の地位が高まり、室町時代からは、ますます女性の地位は低くなります。小笠原流礼法の古文書にも、出産のための産屋が設けられていたことや、出産時には、すでに平安時代から行われていた鳴弦《めいげん》（弦打《つるうち》）の儀（矢は用いることなく弦だけを引いて鳴らし、邪気を祓《はら》う儀式）がなされていたことが記されており、出産が穢れに通じていたことが推察できます。

ここでは女性の社会的地位について言及することは目的ではないのですが、穢れの対象は、あらゆることに及んでいたことがおわかりいただけたのではないかと思います。

昨今、電車やカフェなどにおいて、バッグ、紙袋だけでなく、コートなど、身につけるものまでも床に置く若い世代の日本人が増えています。床や道路に直接座る人も少なくありません。

それらの光景は、日本人が持っていたはずの清浄感、清浄と不浄への意識が、薄らいできている証《あかし》といえましょう。

潔癖症になることが好ましいといっているのではありません。ただ、相手や周囲に対するこころを、清浄感によって表現する文化そのものを失うことは、残念に思えてならないのです。

◇包みはなぜ必要なのでしょうか

エコバッグの流行、環境への意識

海外と日本で買い物をするときの違いについて、すぐに思い浮かぶことは包装です。

最近は、日本でも、レジで「袋はお使いになりますか」と尋ねられることや、袋を別売りにしているお店もありますが、ほとんどのお店では、こちらが袋を断わらなければ、購入した商品は袋に入れて持ち帰ります。

しかし、海外では、完全にレジ袋が廃止され、自分で袋を持参することがあたりまえとされることは珍しくありません。

EUでは、2025年までに、年間で一人当たりのレジ袋使用枚数を四十枚までに制限するように取り組んでいるようです。

イギリスではすでに、使い捨ての袋を必要とする人には追加料金が課され、フランスでは使い捨ての袋の使用を禁止しています。パリでは素敵な柄のエコバッグがレジ前に売っていて、おみやげに購入したことがあるのですが、差し上げた方々から、大変使いやすいかたちで、しかも丈夫だと喜んでいただきました。

甘党である私は、時折、和菓子や洋菓子を購入しますが、自宅用とお伝えした後、すでに個別に容器に入れられたお菓子をさらに箱に入れてくださることがあると、申し訳なく思ってしまいます。

清潔なお皿の上に、さらに用いる「かいしき」

ただ、これを過剰ということばで片付けてしまうことは避けたいのです。

これまで、清浄についてお伝えしてきましたが、日本人は、足もとにまで清浄を重んじるわけですから、口に入るものに関して清浄を意識しないわけはないのです。

お客様にお菓子をお出しする際、直接お菓子をお皿にのせずに、懐紙《かいし》（懐《ふところ》に入れて携帯する二つ折りの和紙）をひと折りし、それをお皿の上に敷き、その上にお菓子をのせることがあります。

このひと折りされた紙は、「かいしき」と呼ばれ、お菓子のほかに、お料理をのせることもあります。かいしきの折り方は、慶事または日常と、弔事とでは、折る方向が逆で、見た目にすぐにわかります。

かいしきは、和紙だけではありません。小笠原流の古文書には、

草木の花　枝にてもかいしきをつかうときは　おくれたる花は不吉なり。これは皆死に花なり。時節に合いたる花はもちろんなり。時節よりも先へ先へとつかうなり。
祝言には　木の葉にては　楓その外何木にても紅葉するをば用いず。色かわるという儀なり。

などと記されています。

かいしきの代わりに、ゆずり葉、南天、かしわの葉が用いられることもありましたが、これらは防腐や防臭の役割もあったと考えられます。

神への供物がかいしきにのせて供えられたことから、人々が自分たちの食べ物にも用いるようになったともいわれています。いずれにしても、清潔なお皿があれば、かいしきはなくても十分であるのにもかかわらず、かいしきが用いられる。そのかいしきの代表ともいえる白の紙。もてなす人のこころを、かいしきが表してくれます。

さらにいえば、包みは、単に品物を覆うだけの役割に留まりません。包みのひと折りひと折りに、こころが込められるのです。だからこそ、折り目は端正に整えられることが求められます。

自然環境保全にともない、これからの包装はさらに簡略化されていくことでしょう。日本でもレジ袋完全廃止となる日がくるかもしれませんし、帰宅して包みを開けたらごみ箱へと捨てられてしまう包装紙や箱ならば、そもそも必要ないと考えられても仕方がありません。

しかし、日本人が包装に込めるこころまでも捨てることは回避したい。

箱に直接リボンを結ぶのではなく、紙で包むことに意味があるのです。

◇なぜ白の紙で包むことが基本なのでしょうか

古来、紙そのものが貴重であった

前述のように、天災を避けることは、農耕民族にとって切実でした。だからこそ、神に加護を祈り、供物を捧げる。それこそが贈答の起源でもあります。

贈答品は、現代においては、それぞれのお店や百貨店の包装紙で包まれることが多いですが、昔は贈り主が、自身で白の紙を用いて包んでいました。

紙は古来より貴重なものとされ、公卿《くぎょう》らは手紙のやりとりのなかで「紙の白さ」を競うほどであったともいわれます。江戸時代までは、紙そのものが贈答品として用いられることもありました。

それほど高級品であった紙で贈答品を包むことは、相手を尊ぶこころを表現することにも繋がったのです。

また、白の紙は贈り主の身の穢れを清め、品物を外界の悪疫から守る意味もあります。

前述のかいしきにも、同様の思いが込められています。神仏への供物やお正月の鏡餅は、三方に常磐木《ときわぎ》や白紙のかいしきを敷いてからのせられます。

あるいは、結納品が白木の台にのせられることなども、贈るものがより清らかであるようにという思いが深いことを示します。

四、五百種類もあった包み方「折形」

小笠原流では、白の紙で品物を包む際、品物のかたちによって、「熨斗《のし》包み」「木花包み」「香包み」などと折るかたちを変えます。その包み方を折形《おりがた》と呼びます。

折形は、古くには折紙と呼び、中国から伝わった陰陽道の思想に、日本独自の美意識が加えられて発展しました。

室町時代には、四十種類以上の折形が完成し、江戸時代には、礼法が一般にも広まったことから、様々な人の手によって、四、五百種類にまで増えたといわれています。

その後も、和紙の生産技術の発達や、印刷技術の進歩によって、折形についての解説書が出版され、折形は普及していきました。

たとえば、明治時代から第二次世界大戦前まで女学校で用いられていた礼儀作法の教科書には、折形の図が掲載されています。

現代においては、熨斗紙《のしがみ》と呼ばれる、あらかじめ紙に水引《みずひき》や熨斗包みが印刷されたものが用いられることが多いのですが、本来、折形には水引が結ばれます。水引は、和紙を細長く切って紙縒《こよ》りにし、糊水で固めてつくられています。

「結び」の意味

水引の結び方も、折形と同様に室町時代に考案され、江戸時代には様々な結び方が生まれました。

水引の結び方については、「真結び」「あわび結び」「もろわな（蝶）結び」の三種類が一般的でしょう。

真結びは、別名「結び切り」と呼ばれ、端正な結びです。この真結びとあわび結びは、容易にほどけないことから、人生で一度限りと考えられることに用います。あわび結びは、淡路結びとも呼ばれます。

一方、日常の贈答と、何度重なってもよい祝いごとには、先端を引くとすぐにほどける、もろわな結びが用いられます。双輪、諸輪とも書きます。

水引とともに、紐《ひも》結びも室町時代に確立されました。

縄文時代から「結び」の思想があったと考えられていますが、結びということばには意味があります。「陰陽相対するものが和合して新たな活動を起こす」ということです。

結びの「むす」は「産《む》す」「生《む》す」、「び」は「霊《ひ》」を示すともいわれます。

結び目にこころを込めて結び入れる。結びに生命を感じ、それゆえに厄を祓い、魔を封じ込めることもできる。

そのように考えた先人たちは、機能面を重視した作業結びと、魔除《まよ》けなどの呪術信仰に用いられた儀礼結びを生み出しました。儀礼結びは、装飾的なものとして変化し、現代でも様々な結びがつくり出されているようです。

折り目、しつけ、を大切にする

礼儀正しい人を表現する際、「折り目正しい」ということばを使うことがあります。

着物を折りたたむときに、筋目をつける。折り目正しいという表現は、たたみ方がきちんとしているだけでなく、その人の技量や、こころの美しさを含めて用いられるのです。

また、着物を仕立てる際、仕立てが狂わないようにするために、しつけ糸はなくてはならない存在です。人のしつけも、道理から外れず、他者へのこころ遣いを忘れず、社会生活を円滑に過ごせるように身につけるものです。

そのような、人としての望ましいかたちを、「からだが美しい」という「躾《しつけ》」という字になぞらえたのです。ここにも日本人の美学が感じられます。

日本文化は、こうした、清浄感や美しさを求めるこころがあるからこそ発展を遂げ、今に伝えられているのです。

白の紙に込められたこころを、次世代へと、ぜひ受け継いでいきたいものです。

◇日本ではなぜ、化粧室の掃除が大切なのでしょうか

お手洗いの神様

烏枢沙摩《うすさま》明王《みようおう》という密教の神をご存じですか。古代インドの神話では「炎の神」で、真言宗・天台宗・禅宗・日蓮宗などの宗派において信仰され、「烈火で不浄を清浄と化す」ということから、こころの清浄化だけでなく、あらゆる不浄を清める功徳《くどく》があるとされていまず。

そのようなことから、この烏枢沙摩明王は、不浄とされるお手洗いの神ともされ、厠神《かわやがみ》、

便所神、雪隠神《せっちんがみ》、おへや神などと呼ばれます。

お手洗いには、常に清潔にして灯明をあげる、小さな神棚を設ける、大病になったときに花やお酒を供えるなど、様々な風習があります。厠は邪気との境界のようにも捉えられ、こうした様々な信仰も生まれました。

ちなみに、お手洗いを「厠」というのは、川の上やほとりに設けられた「川屋」を語源とするともいわれます。

臨月には、お産が軽くなるように、美しい子が誕生するようにと願うことから、厠をお参りする言い伝えもあるそうです。

周囲を思うこころが表れる

松下幸之助氏は、ある工場で、社員の方よりも先にお手洗いの掃除をなさったことを、著書『私の行き方 考え方』（ＰＨＰ文庫）に記しています。

「今後は便所をもっときれいに掃除するように。他人が使うものではない。各自自分が使うものだから問題ではない。各自が感じ良くなることだから、今後十分注意するように」と、社員の方々におっしゃったそうです。さらに、

「便所の掃除をしたことが、私にとって得るところが実に多かった」とも語っていらっしゃいます。誰のためでもない、だからこそ自らが実践するというお考えが素敵です。

日常において、いつも滞在する場所ではないお手洗いだからこそ、積極的に掃除をすることによって、目の前のことだけにとらわれずに、チームワークをも生み出すきっかけができるのではないでしょうか。

小笠原流では、他者のため、自分のためという境界を越えて、あらゆる場所で、誰に対しても、どのような状況においても、慎みのこころを忘れずに周囲を察しながら自然に美しく生きることを目標にしていますが、その学びの一環として、お手洗いの掃除をカリキュラムに取り入れている中学校や高等学校もあります。

たとえば、夏休みの宿題に、「自宅のお手洗い掃除実践」が入っています。自分が家族の一員であるという自覚や、他者が好まない仕事を自ら率先して行うこころを養うことを目的としています。

最初は消極的だった生徒でも、年を重ねるごとに、お手洗いだけでなく、お風呂場や洗面所の掃除まで行うようになった、という嬉しいおことばも、保護者の方から伺っています。

また、玄関も、その家や会社の顔となる場所。全体の第一印象が決まるわけですから、清潔を保つことが大事だ、ということはいうまでもありません。

自分の部屋、自分のデスクまわりだけを掃除するのではなく、気づいたときに周囲が清潔であるようにと自然に行動できる人は、こころが豊かであるといえましょう。そうしたこころの豊かさが、汚れのない化粧室に表れると、日本では考えられているのです。

第2章　神社仏閣（寺社仏閣）での礼儀作法

小笠原家の源流

清和源氏の流れを汲む小笠原家は、鎌倉時代に、現在の山梨県南アルプス市において、源頼朝に仕えたといわれる初代・長清《ながきよ》に端を発します。

その後、室町時代に、七世の貞宗《さだむね》によって礼法が確立されるのですが、後醍醐天皇からは、「小笠原は日本武士の定式《じょうしき》たるべし」との御手判《おてはん》と、現在も家紋として用いている三階菱《さんがいびし》の基となる「王」の字を賜りました。

足利尊氏に仕え、戦功をあげた貞宗は、大鑑禅師《だいかんぜんじ》（清拙正澄《せいせつしょうちょう》：鎌倉末期に来日した臨済宗の僧侶）に帰依して、信州に開善寺を興しています。その他、小笠原家には、松本の広沢寺や小倉の福聚寺などの菩提寺があります。

私の祖母、小笠原日英《にちえい》は、先代の姉にあたります。祖母は日蓮宗の仏門に入り、近江八幡市にある村雲御所瑞龍寺門跡《むらくもごしょずいりゅうじもんぜき》を経承し、晩年まで布教に努めました。

祖母は尼僧になるため、身延山《みのぶさん》の信行《しんぎょう》道場に入り、入行《にゅうぎょう》を望んだそうです。曽祖父で伯爵であった小笠原長幹《ながよし》の五女として生まれ、華族のなかで何不自由なく育った祖母。入行への思いとは裏腹に、毎朝四時に起床して、山道を下駄で、しかも素足の状態で登ることには無理があり、絆創膏《ばんそうこう》だらけの足をご覧になった責任者の方から、足袋を履いてもよいというお許しが出たと聞いたことがあります。

祖母は、人々がこころの内にバランスを生み、そのバランスを保つ力が仏様の光に触れてよりよく生きる力を育み、明るい人生を生きることを願っていました。

だからこそ、当初は東京の四谷に道場を設けていましたが、台風で甚だしく破損し、荒れ果てた近江八幡の瑞龍寺を復興することを決意し、様々な試練にも耐え、強い精神力を持ち続けながら復興を実現し、その後も多くの参拝者の身上相談も受けていたのではないかと思います。

尼僧である祖母が教えてくれたこと

祖母は毎月のように東京に来ていたので、私もたびたび両親に連れられて一緒に食事に出かけました。また祖母が自宅に遊びにきてくれたり、時には近江八幡へ出かけることもありました。

祖母は私が幼い頃から、様々なたとえ話をしてくれたのですが、一度たりとも、押し付けられるように仏様の話を聞いたことはなく、むしろ尼僧であることを忘れてしまうほどの自然体で接してくれました。

祖母が教えてくれたこと。それは「とらわれないこころ」と、「なぜだろうの精神を忘れないこと」です。

せっかく相手のことを思って行動しても、自分のこころのなかで、「相手のために」という気持ちが少しでも存在してしまったら、それは意味のないことである。いつでも、どのようなときでも、何かにとらわれすぎることなく素直なこころで生きる。

また、何ごとにも「なぜだろう」という疑問を持つ、すなわちものごとに興味を持つことが、人間を成長させるのだということでした。この二つの教えは、今までも、そしてこれからも、こころがけていきたいと思います。

その祖母の姿を、父はいつも尊敬していました。祖母から父、父から私へと受け継がれたことは、宗教を超えて、目には見えないものを信じ、感謝するこころです。

人はとにかく、目に見えるものを信じる傾向にあります。しかし、目に見えないものに感謝できると、幸せの度合いが増し、こころのバランスを取りやすくなるように思うのです。

個人的な考えではありますが、宗教に固執しすぎるのではなく、あらゆるものに感謝する応用性を持つことで、生活をより豊かに楽しめるのではないでしょうか。

そこで、この章では、神社と寺院について、ご紹介いたします。日本人の私たちが理解することで、外国の方々からのご質問にも自然に答えられるようになるでしょう。

◇神道の起源や、日本人との結びつきについて教えてください

氏神や産土神への信仰

農耕が中心だった日本人は、自然と共存して生きてきたなかで、山、海、川、森、谷など、自然のあらゆるところに神の存在を感じ、崇拝してきました。その自然崇拝が神道へと結びつき、神道では「八百万《やおよろず》の神」といわれるほど多神教となりました。

神道は、七世紀後半頃に確立されたといわれています。奈良時代にできた『古事記』や『日本書紀』には、たくさんの神々の系譜や物語が記されています。

神の子とされる人間は、各自に命を授かりますが、その命は神からの分霊《わけみたま》とされ、生まれた土地を守っている氏神《うじがみ》（産土神《うぶすなかみ》）の氏子《うじこ》となります。その氏子になる行事がお宮参りです。

産土神のみならず、人生においてはたくさんの神々にお世話になり、氏神や産土神に導か

れて、亡くなった後は祖霊の世界へと旅立ちます。

したがって、仏教やキリスト教などのように、開祖や教理に基づく信仰なのではなく、先祖や血統の集団の守護神である氏神や、住んでいる地域や都市の産土神が、日本人の信仰心の基盤を築き上げてきたのではないかと思われます。

自分の置かれている状況や能力に限界を感じたとき。どうやっても逃れることのできない力を感じざるを得ないとき。そのようなとき、絶対的なものにすがり、加護を得て、こころの平穏を取り戻したいと願う。

それこそが、日本人の信仰といえるのかもしれません。

だからこそ、仏教やその他の宗教を信仰することに抵抗がないのです。

日本をつくった神々

『古事記』に記されているように、神々は高天原《たかまのはら》（日本神話における天上の国）にいらっしゃいます。天照大神は、伊邪那岐命《いざなぎのみこと》と伊邪那美命《いざなみのみこと》によって月読命《つきよみのみこと》、須佐之男命《すさのおのみこと》とともに最後に生まれた神であり、高天原を治められました。

現代においても、天皇陛下は秋の新嘗祭《にいなめさい》において、天照大神に、収穫された新穀を捧げられます。

天照大神は、天皇家の祖である瓊瓊杵尊《ににぎのみこと》が地上に降りられるにあたり、八咫鏡《やたのかがみ》・草薙剣《くさなぎのつるぎ》・八坂瓊勾玉《やさかにのまがたま》の三種の神器を瓊瓊杵尊に与えられました。この三種の神器の継承によって、天皇の即位が認められる、すなわちこの三種の神器が皇位のしるしということです。

天照大神は太陽そのものではありませんが、太陽にたとえられるほど偉大であり、日本国民の総氏神とされています。稲作に太陽は絶対的な存在であり、太陽を司《つかさど》る神によって、日本は統治されるという考えが定着したわけです。

また天照大神を祀る神社を神明《しんめい》神社といいます。神明神社は全国に約五千社あるとされています。神明神社は天照大神を主祭神とし、伊勢神宮内宮《ないくう》を総本社とします。

伊勢神宮は、正しくは神宮とのみ呼びます。伊勢神宮には、内宮と外宮《げくう》があります。内宮は天照大神をお祀《まつ》りする皇大神宮《こうたいじんぐう》のことで、約二千年の歴史があります。外宮は、衣食住の恵みを与えてくださる豊受大御神《とようけのおおみかみ》をお祀りする豊受《とようけ》大神宮のことで、約千五百年の歴史があります。この二つを中心に、三重県伊勢市とその周辺の百二十五のお社の総称が伊勢の神宮です。

家の中、外、あらゆるところに神がいる

日本には古くから祭りがあります。この祭りこそ、神への信仰がかたちになったものといえましょう。豊作を願い、天災がないようにと神のご加護を祈り、収穫に感謝するなど、大小の様々な祭りが現代にも伝えられています。

神を祀る際に欠かせないことは、第1章でも述べた「清浄」であり、罪や穢れを清めるためには、禊《みそぎ》や祓（はらえ・はらい）が重要です。穢れには、血の穢れ、死の穢れなど様々な種類があり、穢れに触れた人と接するだけでも穢れが移るとも考えられていたのです。

話が脱線しますが、血を穢れと捉えるひとつの例として、沖ノ島（福岡県宗像市）の「女人禁制」があげられます。沖ノ島は、２０１７年にユネスコにより世界遺産に登録されたことでも注目を集めました。

外国、特に欧米の方々には誤解されがちなので、あえてご説明しておきたいと思いますが、この女人禁制は、男尊女卑の考えからくるものではありません。月経のある女性はその間、穢れていると考えられているからなのです。年配の方が「生理中には鳥居をくぐったり、参拝に出かけたりしてはならない」とおっしゃる理由も同様です。

祭りの前に精進潔斎《しょうじんけっさい》（肉、魚、香辛の野菜などの飲食や飲酒などの行動を慎み、心身を

清浄に保つこと）をすること、神社でお参りする前に手を洗い口をすすぐこと、紙で自分の身体を撫《な》でて穢れを紙に移して海や川に流すこと、これらはすべて禊祓《みそぎはら》いです。

毎日のようにお風呂に入って身を清める、毎日下着を替えるという、清潔感を重んじる日本人の潜在意識は、このような長い歴史のなかで培《つちか》われてきたともいえるのではないでしょうか。

また、日本人は多神教といわれることがあるのですが、欧米でいわれる多神教とは異なります。

日本では、井戸の神、かまどの神など、神棚を設けなくても、家の内外のあらゆるところそれぞれに神が存在します。また、新たな年には歳神《としがみ》を迎えるなど、家族の健康と平和のために、様々な神に祈りますが、最終的には天照大神の中へと包含するのです。

そのような重層的な神への信仰があることから、現在も、神棚に天照大神、産土神、お参りをした神社の個人的な守り神を同時に祀ることを、自然に行うのでしょう。

神道の確立と、二十二社

神道は七世紀後半頃に確立したといわれていますが、平安時代の法令集である『延喜式《えんぎしき》』

には、神祇《じんぎ》制度について記されています。

律令制度により、神祇官《じんぎかん》（神々の祭りを司る）と太政官《だいじょうかん》（政治を司る）が組織の中央に置かれ、朝廷との関わりが深い神社、畿内の有力な神社、地方の有力な神社は、祭祀制度に組み込まれていきます。『延喜式』第九・十は「延喜式神名帳《じんみょうちょう》」と呼ばれますが、それによると、三一三二座の神が存在するとあります。

平安時代以降、朝廷より特別の処遇を受けた二十二の神社を二十二社といいます。律令体制の弛緩《しかん》にともない、国家の重大事、天変地異のときなどに朝廷から特別の奉幣《ほうへい》を受けていました。

二十二社は、伊勢（内宮・外宮）、石清水、賀茂（上賀茂・下鴨）、松尾、平埜、稲荷、春日、大原野、大神、石上、大和、廣瀬、龍田、住吉、日吉、梅宮、吉田、廣田、祇園、北野、丹生、貴布禰《きぶね》です。

西の神社に偏っていることにお気づきかと思いますが、朝廷から特に崇敬を受けたため、遠方でなく京都を中心とした畿内の神社が選ばれたのでしょう。

◇日本には神道と仏教がありますが、その結びつきについて教えてください

神仏習合と、神仏判然

まず、神仏習合《しんぶつしゅうごう》について触れておきましょう。

日本古来の神の信仰と、外来の仏教信仰が融合調和する形態を神仏習合といいます。奈良時代に起源を持ちます。

古来より存在する日本の神々も、私たち人間と同じように悩み苦しみ、仏教によって救済される、という「神身離脱」の思想に基づいて、数多くの神社に、神宮寺（神社に付属して建てられた仏教寺院）が建てられ、神前でお経が読まれるようになりました。

一方、寺院の鎮守《ちんじゅ》の神社として鎮守社が建てられることもありました。神々の真の姿は仏・菩薩《ぼさつ》であり、仏・菩薩は、日本の衆生を救うために仮の神の姿となって現れた、という本地垂迹《ほんじすいじゃく》説が、平安時代中期から後期にかけて全国的に流布しました。

江戸時代、儒教や国学の排仏思想により、水戸藩、岡山藩、会津藩を中心として、神仏分離政策が行われます。明治初年には、新政府により、天皇の神権的権威の確立のため、神道

の保護と仏教の抑圧を目的として神仏分離が発令されました。奈良時代より続いた神仏習合思想を禁止し両者を分離するこの宗教政策は、神仏判然ともいいます。

国家神道が形成され、祭政一致（祭祀と政治を一元化すること）の制度により、まず神仏分離令が布告されました。神社が神祇官の付属とされ、僧侶が神社に勤仕することが禁じられ、仏語を神号とすること、神宮寺などの仏教的な建物を独立または廃棄させ、神社に仏像を祀ることや置くことを禁じ、仏具なども取り除かれることとなったのです。神職と僧侶もはっきりと区別されることにもなりました。

これによって、全国で廃仏毀釈《はいぶつきしやく》が起こります。文字の如く、仏教を廃し、釈迦の教えを壊す、すなわち仏教排斥、寺院・仏像・仏具破壊運動です。この運動が加速し、たくさんの貴重な仏教文化財が失われてしまいました。その後、明治五年の神祇省廃止・教部省設置に前後して、運動は沈静化します。

太平洋戦争後、GHQの占領下において、国家神道は廃止され、政教分離が行われました。さらには、昭和二十一年に伊勢神宮を本宗と仰いだ宗教法人の神社本庁が設立されました。神社本庁の下には、各都道府県に神社庁があり、約八万社を包括しています。神社本庁に所属していない神社もあります。

◇神社や寺院には、格や種類があるのですか

神社の社格

神社には、昭和二十一年に廃止されるまで、「社格」というものが存在しました。これは、日本書紀にも見られるほど古くからあり、社格が廃止された後も、旧社格として名残があるようです。

また、「神宮」「大神宮」「宮」「大社」「神社」「社」など、神社名に付される称号、すなわち「社号」は、この社格に通じるものです。

伊勢神宮は、先述しましたように、本来は「神宮」とのみ称されます。

このほか、皇祖をお祀りしている霧島神宮や鹿児島神宮、天皇をお祀りしている平安神宮や明治神宮、そのほか石上神宮、鹿島神宮、香取神宮など、神宮は特定の神社にかぎられています。

「大神宮」は、東京大神宮の特別な社号です。

「宮」は、天皇や皇族をお祀りしている神社や、由緒により古くから呼称として用いられて

いる神社です。

「大社」は、天孫に国譲りを行って多大な功績をあげた、大国主命《おおくにぬしのみこと》を祀る出雲大社を示す社号として用いられました。しかし明治以降は、春日大社や諏訪大社など、全国から崇拝を集める神社で使用されるようになりました。

「神社」は一般的であり、「社」は、大きな神社から御祭神を勧請《かんじょう》した神社に用いられます。

寺院の格式

寺院には、寺格、すなわち寺院の格式があります。

官寺《かんじ》（国家の監督を受ける代わりに経済的保障を受けていた）、勅願寺《ちょくがんじ》（天皇・上皇の発願によって建立された）、門跡《もんぜき》（皇族・公家が住職を務める）、私寺《しじ》（官寺に対して、貴族・豪族・一般民衆などによって建てられた）などのほか、総本山、大本山、別格本山、本寺、末寺《まつじ》などがあります。

明治維新以後は、神仏分離によって国家の認定はなくなりました。

◇お寺に祀られている仏様には種類があるのですか

如来、菩薩、明王、天部

「お寺に祀られている仏様のことはよくわからないけれど、著名なお寺なので、参拝に出かける」という方も少なくないかもしれません。

そこで、簡単に、仏様についてご紹介いたします。

まず「如来《にょらい》」は、最も格が高い仏様。釈迦如来、薬師如来、阿弥陀如来、大日如来が主な如来です。如来には「真理を悟ったもの」という意味があり、それだけに、装飾品を身にまとわず、質素な出家僧の姿をしています。

如来の弟子である「菩薩」は、観音菩薩、地蔵菩薩、普賢《ふげん》菩薩、文殊《もんじゅ》菩薩、虚空蔵《こくうぞう》菩薩が主で、古代インドの貴族の姿です。菩薩には「悟りを目指す人」という意味があります。

人々を如来の教えに導こうとしているがゆえ、怒りの表情が特徴である「明王《みょうおう》」は、不動明王、愛染《あいぜん》明王、孔雀明王、烏枢沙摩《うすさま》明王が主で、剣や弓などの武器を持っています。

「天部《てんぶ》」は、天空や天上界に住む人、を意味します。梵天《ぼんてん》、帝釈天《たいしゃくてん》、四天王、金剛力士

(仁王)、大黒天、弁財天、吉祥天が主です。如来や菩薩に比べて人間に近い存在であり、仏教の守護神でもあります。

◇日本神話の神々について、その歴史を知りたいです

天津神と国津神

天上には高天原、高天原の下に水平に広がる中津国《なかつくに》と大海の世界、その下に黄泉国《よみのくに》があります。

八百万の神々について、古事記や日本書紀に記されていますが、それらにはこうした三つの世界がすべて高天原の支配下となり、神々は天津神《あまつかみ》と国津神《くにつかみ》の二つの系統に分けられます。

まず、高天原に住み、地上に降り立った神様、またはその子孫の神様を天津神といいます。天孫降臨《てんそんこうりん》(日本神話において、天照大神の命を受けて、天照大神の孫である瓊瓊杵尊《ににぎのみこと》が高天原から日向国《ひゅうがのくに》の高千穂峰に天降《あまくだ》ったこと)以前から地上に住み、その土地を守護する神、またはその子孫の神を国津神といいます。

国津神は、天津神の支配下にあると考えられています。ちなみに神祇とは、「天神地祇《てんじんちぎ》」

の略で、神は天津神、祇は国津神を指します。

天津神の中でも、天御中主神《あめのみなかぬしのかみ》、次に生まれた高御産巣日神《たかみむすひのかみ》、神産巣日神《かむむすひのかみ》は、三柱《みはしら》の神（造化三神）と呼ばれます。ちなみに、柱というのは神様の数え方です。一柱《ひとはしら》、二柱《ふたはしら》、と数えます。

三柱の神と、宇摩志阿斯訶備比古遅神《うましあしかびひこじのかみ》、天之常立神《あめのとこたちのかみ》の二柱の神、合わせて五柱の神々は、天津神のなかでも特別な存在で、別天津神《ことあまつかみ》と呼び、宇宙を創造した古い神々です。

神世七代《かみよななよ》とは、天地開闢《かいびゃく》のときに生成した七代の神とその時代のことです。国之常立神《くにのとこたちのかみ》、豊雲野神《とよくものかみ》の二代までは、一柱ずつで二代とし、三代目からは伊邪那岐神と伊邪那美神のように男女二神を対偶神として二柱で一代と数えます。七代の神は高天原の神々ですが、伊邪那岐神と伊邪那美神により、天照大神をはじめ多くの神々を生みました。

前述にもありますが、伊邪那岐神が左目を洗うと天照大神、右目を洗うと月読命、鼻を洗うと須佐之男命が誕生しました。

天照大神は高天原、月読命は夜の国、須佐之男命は海原を治めましたが、この神々を三貴《さんき》子《し》と呼び、日本神話に欠かすことができません。

天皇や皇族、歴史上の人物が祀られた神社もある

国津神は須佐之男命、大国主命などです。

須佐之男命は、本来、天照大神の弟神にあたるので、天津神と考えたくなるのですが、伊邪那岐神の怒りによって高天原を追放されてしまったのです。

須佐之男命は、出雲国の肥河《ひのかわ》の上流に降り、オロチ退治をしたことによって英雄になりました。オロチ退治に用いた御刀は、三種の神器のひとつ、草薙神剣《くさなぎのみつるぎ》です。

須佐之男命の子孫である大国主命は、多くの別名を持ちます。因幡《いなば》の白兎の話でも親しまれている神です。八十神《やそがみ》の兄弟を持ち、少彦名神《すくなひこなのかみ》の協力により国づくりをはじめますが、途中で少彦名神が去ってからは、大物主神《おおものぬしのかみ》の助けによって国づくりを完成します。

その後、天照大神に国を譲る際、ある条件のもとに出雲大社に住みました。この国譲りによって、葦原中国《あしはらなかつくに》（天上の高天原に対する地上の世界）は高天原の側に平定されました。

神社には、このように神話に記された神々以外にも、土着の神々や、インドや中国から伝わった神仏と結びついた神も祀られています。

あるいは、平安神宮や明治神宮のように、天皇や皇族が祀られている神社もあります。

さらには、菅原道真、豊臣秀吉、徳川家康など、歴史上で活躍した人物が祭神として祀ら

れることもあります。

その他、民間信仰に基づく神々も存在します。

◇七福神とはなんですか

多様なルーツを持つ福の神

室町時代、商人を中心として、七福神は「福の神」として信仰されてきました。

七福神といえば、まず宝船を思い出される方が多いのではないかと思います。

一月一日、または二日の夜、宝船に乗った七福神の絵に、「なかきよの（永き世の）とおのねふりの（遠の眠りの）みなめさめ（みな目ざめ）なみのりふねの（波乗り船の）おとのよきかな（音のよきかな）」という回文《かいぶん》和歌（上から詠んでも下から詠んでも同じ音になる）が記されたものを、枕の下に入れて寝ると、よい初夢を見ることができるといわれます。

七福神の神々をご紹介いたしましょう。

〈恵比寿〉

伊邪那岐神と伊邪那美神の子として生まれた水蛭子神《ひるこのかみ》（不具の子）で、烏帽子《えぼし》を被り、釣竿を持ち、鯛を抱えている。商売繁盛、漁業や農業を司る神。七福神のなかで唯一、日本由来の神である。

〈大黒天〉

インドのシヴァ神の化身で、日本の大国主命と同一視される。袋を背負い、打出《うちで》の小槌《こづち》を持ち、食物と財福を司る神。

〈毘沙門天〉

北方の守護神で、常に仏を守護して説法を聞くことが多いということから、多聞天《たもんてん》ともいわれる。右手に宝棒、左手に宝塔を持ち、福徳を司る神。

〈弁財天〉

弁才天とも書く。琵琶を持つ女神の姿。インドでは、もとは水の神だったのが、芸術や学問の神になったという。音楽・弁才・財福・知恵を司る神。

〈福禄寿〉

短身、長頭、長いひげを持つ老人の姿が特徴だが、南極老人（長寿と幸福を司ると考えられた南極星が神格化されたもの）がモデルといわれることから、寿老人《じゅろうじん》と混合される場合があり、その際には、寿老人ではなく「吉祥天」が入ることもある。幸福・富貴・長寿を司る神。

〈寿老人〉

短身、長頭、鹿を連れて巻物を先につけた杖を持つ姿で、前述のように福禄寿と混合されることがある。長寿を司る神。

〈布袋〉

中国の唐末の頃の禅僧がモデル。大きなお腹で、杖と大きな布の袋を持った姿で、福徳を司る神。

◇狛犬にはどのような意味がありますか。狐や猿などと同じ役割があるのでしょうか

狛犬は神の使いではない

神社の参道の入り口脇などで、一対の狛犬をご覧になるかと思います。石製のものがほとんどですが、中には木製、陶製、金属製のものもあります。

狛犬は、「高麗犬《こまいぬ》」とも記します。獅子とともに一対になって置かれているともいわれますが、「高麗」が示すように、朝鮮半島から渡来した信仰に基づくという説が一般的です。

一対のうち、角があって、口を閉じているのを狛犬、角がなく口を開いているのを獅子と呼びます。双方を狛犬といってもよいとされています。

いずれにしても、狛犬の表情や姿は、神社によって異なります。

神社だけでなく、寺院に置かれていることもあります。狛犬の起源として、一説には、仏像の前に二頭の獅子を置くことに由来するという説もあるのです。

奈良時代までは獅子二頭、平安時代から、狛犬と獅子で一対となったようです。

狛犬には邪気を祓う意味があって、守護獣であり、神使《しんし》（神の使い）とは異なるといわれ

ます。

稲荷神社の狐、日吉大社の猿、鹿島神宮の鹿などは、神使、または眷属《けんぞく》（従者）で、神の意思を示す動物とも考えられています。神社に置かれる動物にはこのように、哺乳類、鳥類、爬虫類、さらには想像上の生物に至るまで、幅広くあります。

◇神社と寺院の参拝の違いを教えてください。また、賽銭やお札、お守りについても知りたいです

神社、寺院ともに、参拝は午前中が好ましいといわれます。大切なことは優先する、という気持ちが大切であり、また、参拝者の数が増えるごとに人の邪気が集まるので、陽の気が溢れる早い時間帯がよいとも考えられています。

それぞれの参拝については、次の通りです。

【神社の参拝】

〈鳥居〉

神社は神がいらっしゃる聖域である、という気持ちでいることが重要です。神社のみならず、寺院などにも見られる鳥居は、内と外を分けるもの。すなわち神域と世俗の場所を分けるものなのです。

したがって、鳥居をくぐる際には一礼をいたします。その際、中央は神の通られる道とし、左右のどちらかに寄ってくぐります。

参詣を終え、神社を出るときにも、向き直り、同様の心得で鳥居をくぐりましょう。帽子を外すことも忘れてはいけません。

大きな神社においては、本殿から遠い鳥居を一の鳥居、次に二の鳥居、最も近いものを三の鳥居、などと呼ぶことがあります。

鳥居の材質や構造は様々で、六十種類以上あるといわれています。基本的には、神明《しんめい》鳥居といって、上部の横柱が一直線になっているものと、明神《みょうじん》鳥居といって上部の横柱の両端が上向きに反《そ》っているものがあります。明神鳥居のほうが朱で塗られたものが多いようです。

〈手水舎〉

参拝するには、まず清めのために手水舎《ちょうずや》へ進みます。本来は川で心身を清める禊を、手水舎で簡略化しているわけです。

清め方は次の通りです。

①柄杓《ひしゃく》を右手で取り、左手をすすいで清める。

②柄杓を左手に持ち替え、右手をすすいで清める。

③柄杓を右手に持ち替え、左手で水を受けて口をすすぐ。このとき、柄杓を口につけないこと。

④左手を清め、柄杓を立てて柄を清める。

⑤柄杓をもとの場所に伏せて置く。

〈参拝〉

参拝の基本は、「二礼二拍手一礼」です。深いお辞儀のことを「拝」、手を打ち鳴らすことを「拍手」といいます。

参拝には、感謝のこころで二礼二拍手一礼を行うことが欠かせません。

鈴を鳴らす理由は、参拝者の邪気を祓い、神霊の発動を願うともいわれています。
参拝の仕方は次の通りです。
①一礼してから賽銭《さいせん》を入れ、鈴を鳴らす。
②姿勢を正してから深いお辞儀を二回する。
③両手を胸の高さで合わせ、二回拍手をする。左右の手を合わせた後、右手を少し手前に引いてから拍手をする、といわれることもある。
④手を合わせて祈る。
⑤もう一回、深いお辞儀をする。
⑥退くときは感謝のこころで一礼する。
＊出雲大社は、拍手の数が四回、など、回数が異なる神社もあります。伊勢神宮は「八《はち》度《ど》拝《はい》八《や》開《ひら》手《て》」ともいわれます。
しかし、これは神職の方がなさる方法であり、一般には二礼二拍手一礼でよいとされています。

帰りに鳥居をくぐるときには、本殿に向き直り、一礼しましょう。

【寺院の参拝】

〈山門〉

神社と同様に、寺院は仏様がいらっしゃる神聖な場所です。山門の前でこころを込めて一礼し、敷居がある場合は踏まないように注意します。

「正中は神仏の通り道」という決まりごとはない、という説もあります。ご神体や仏像が目の前に置かれているわけではないのだから、中央をそのように考えること自体に意味がない、というお考えもあるでしょう。

しかし、次のように捉えてみてはいかがかと思うのです。

「参拝に出かける際には、神仏への感謝の念を抱きながら、慎みのこころで祈ることが大切。ならば、鳥居や山門をくぐるときには謙虚な気持ちで、中央を歩くことは自然に避けようとするこころがけがあってもよい」――いかがでしょうか。

〈手水舎〉

清め方の基本は、神社の手水舎と同様です。

〈参拝〉

鐘楼《しょうろう》があるお寺では、確認したうえで鐘をつくこともあります。しかし、参拝後に鐘をつくことは、「戻り鐘」「出鐘」などといって忌み嫌われています。

その理由は、鐘を鳴らすのは仏様への参拝のご挨拶と考えられているので参拝後では失礼である、または功徳が消えてしまうので縁起が悪いからともいわれます。

参拝の仕方は次の通りです。

①燭台と香炉がある場合は、献灯と献香をする。線香の煙によって心身を清める意味もある。

②一礼してから賽銭を入れ、鰐口《わにぐち》があれば鳴らす。

③両手を胸の前で合わせ（合掌）、祈る。合掌することによって、仏様と一体になることを意味するといわれている。このとき、両手が前や横に倒れないよう、指先が上を向くようにすること。神社とは異なり、拍手は打たない。

④退くときは感謝のこころで一礼する。

帰りに山門をくぐる際には、本堂に向き直り一礼しましょう。

【賽銭について】

お賽銭は修行のひとつ

賽銭は、「神仏から恩恵を受けたいと願いごとを祈る際に、硬貨や紙幣を賽銭箱に入れるもの」と思われていませんか。

しかし、本来の賽銭は、神道ではお金ではなく、金や銀、さらには洗米（洗い清めたお米）や散米《さんまい》（＝打撒《うちまき》：水に浸した米をまき散らすこと）として供えていたことに端を発します。

賽には、「むくいまつわる」「神から受けた福に感謝して祀る」「お礼参り」などという意味があることからもわかるように、賽銭は神仏に願ったことが成就した際の感謝のしるしとしての供物を表すのです。

庶民に貨幣と参拝が浸透したことによって、賽銭がはじまったわけです。鶴岡八幡宮に賽銭箱が初めて置かれたのは、1532年から1555年の間といわれています。

そのように考えると、参拝のときには、まず、日頃、無事に生きていることへの感謝の念を忘れないことが欠かせないのではないでしょうか。そのうえで、ご加護を願うこともあるでしょう。

寺院においての賽銭は、お布施の意味があります。お布施とは、本来、六波羅蜜《ろくはらみつ》（悟りの世界へ至るための六つの波羅蜜〔＝修行〕。布施、持戒《じかい》、忍辱《にんにく》、精進、禅定《ぜんじょう》、智慧の六つを指す）と呼ばれる修行のひとつであり、煩悩を捨てて修行させていただくということを示します。

お金に穢れを移し、清らかな心身で神仏に向かう

いずれにしても、神仏に対して供えるお金なのですから、乱暴に投げ入れることは避け、丁寧に賽銭箱へと入れるこころがけも忘れてはなりません。

また「賽銭の金額を増やせば、願いごとが成就される」と思うことも、本来の賽銭の意義から外れてしまいます。

神社では、人からお金に穢れを移し、それを賽銭箱に入れることで心身の穢れが祓われる。寺院では、慈悲や施しのこころを持ちながら、ご本尊に賽銭を供える。

方もあります。

つまり、賽銭によって、清らかな状態で神仏の前において拝むことができる、という考え

西洋でコインに込める意味は

さて、ローマにはいくつもの噴水がありますが、なかでも有名な噴水といえば、トレビの泉。このトレビの泉を例にあげて、日本の風習を説明しても面白いかもしれません。

トレビの泉では、後ろ向きにコインを投げ入れると、願いごとが叶うとされています。トレビの「トレ」は「3」を表すことからも、一回ではなく三回投げ入れる、ともいわれています。しかも、願いを叶えるには、右手でコインを持ち、左肩越しに投げ入れなければならないとも聞きます。

コインを一枚投げ入れると、再びローマにくることができる。二枚投げ入れると、生涯好きな人と一緒にいることができる。三枚投げ入れると、恋人、結婚相手と別れることができる。

この最後の「三枚投げ入れること」に関しては、キリスト教における離婚禁止の影響があるともいわれています。それぞれの枚数に込められた言い伝えは定かではありませんが、噴水にコインを投げ入れることには、そこに祀られている神の気を鎮《しず》める、という理由がある

そうです。

賽銭に込められた意味を理解することによって、今まで以上にこころを込めた参拝ができるのではないかと思います。

お札とお守りの力

さて、お札とお守りは、どちらも神仏のお力を頂戴する「護符」の一種です。護符は、ごふう、神符《しんぷ》などともいいます。

基本的にお札は、神棚など家内に祀ったり、貼ることもあります。あるいは、常に身につけ、神仏のご加護を願うものもあります。

ひとつの護符で、あらゆる災難を防ぐことができるというものから、家内安全、厄除け、商売繁盛、防火など、願いごとによって様々な種類の護符もあります。

お守りは、大阪・四天王寺にある「懸守《かけまもり》」（神仏の護符を入れて首からかけて身につける守袋）が最古といわれています。懸守のほかには、子どもの産着の背中に色糸の縫飾をする「背守《せもり》」、腕に巻く「腕守《うでまもり》」があります。

第3章　日本人のつき合い

◇「おもてなし」とは何でしょうか

「もてなす」のそもそもの意味

本書の冒頭でも触れましたが、2020年のオリンピック・パラリンピックを東京へ招致するため、2013年にアルゼンチンのブエノスアイレスで行われた最終プレゼンテーションにおいて、「見返りを求めないホスピタリティの精神」、あるいは「日本人が互いに助け合ってお客様を迎えること」が「おもてなし」ということばで表現されて以降、「おもてなし」は日本の代名詞のように扱われるようになりました。

そのことを否定する気持ちは全くありません。しかしながら、本来の日本の「もてなし」の精神を理解しておかないと、本来の意味から外れてしまう危険性があります。

その危険性を軽減するためにも、「おもてなし」ではなく、「もてなし」と表現したいと思います。

もてなしにはどのような意味があると思われますか。外国の方に聞かれたときに、皆様はどのようにお答えになりますか。

「もてなし」は、「もてなす」の連用形が名詞化したことばです。

もてなしを「持て」と「成し」に分けて考えてみましょう。

「持て」は動詞について意味を強める役割があります。「なし」は、「そのようにする」「ことを成し遂げる」ことを指します。

この二つのことばが合わさって、待遇、ご馳走、振る舞い、とりはからい、などという意味を表します。

これらのことばを踏まえて、もてなしは、「その人が生まれ持った人柄や、教育によって身につけた知識や教養による品格のある立ち居振る舞い、さらには饗応《きょうおう》や馳走によって相手に対するこころを表現する」という意味にまで至ったのではないかと推察いたします。

飲み物をお出しするときのこころ遣い

お客様を迎えるにあたり、私たちは事前に何をするでしょうか。

まず、玄関や客間の掃除からはじめるでしょうか。

あるいは、迎える時間帯が食事時でなければ、飲み物は何がよいかと思案するでしょうか。

飲み物が決まったら、お菓子を考える、ときには、お菓子が先に決まることもあるかもしれません。季節によって、あるいは状況によって、飲み物の温度はどの程度が適温であろうか、またその飲み物をどのようにお出しするのが適切か、などということに思考をめぐらせても当然です。

小笠原流のお酒の作法についての伝書のくだりに、

酒壜（すず）の酌のこと。酒壜の底を両の手にてかかえ候いてまいらすることもあり。…中略…夏は下に置き　手をかけ候いてよし。その故はあたたまりなど入りまじき気遣いなり

と記されています。錫《すず》製の徳利に似た口の細い酒器でお酌をするとき、夏は、手のぬくもりで中のお酒が温まらないように気遣う心得です。

この教えを活かすとするならば、猛暑の日に最寄り駅から歩いていらっしゃるお客様に飲み物をお出しするとき、冷たい状態で召し上がっていただけるようにと、冷蔵庫で冷やしておいたグラスに飲み物を注ぎ、できる限りこちらがグラスを持つ時間を短くするために、いつもより少しだけ間《ま》を省略してグラスをお客様の前に置くというようなことも、もてなしのひとつでしょう。

目に見えないものに自分のこころを託す「遠慮」

人を迎える際、お出しする茶菓や食事に加え、室内に流す音楽について思案する場合があるかもしれません。

私も実際に、講演会の仕事で地方に出張した折、室内の音楽で感動するもてなしを受けたことがあります。

講演終了後、講演を主催してくださった会社の方々との懇親会において、日頃はどのようなジャンルの音楽を聴いているかについての話題に及ぶことがありました。

翌朝、空港へ向かうため、前日の懇親会でご一緒したお二人がホテルに迎えにきてくださったのですが、車に乗って少しお話をしているうち、ふと控えめな音量で車中に流れる音楽に耳を奪われました。何と、私の好きな歌手の方の歌声が聴こえてきたのです。

「〇〇さんのＣＤですね」とお伝えすると、「はい。じつは今まで聴いたことがなかったのですが、昨晩のお話で興味が湧きました。帰宅途中にレンタルショップに立ち寄って、CDを借りてみました」と答えてくださいました。

決してご自身から話されたのではありません。お尋ねしなければ、おっしゃらなかったのではないかと思います。その方がお店に出向かれ、CDを選んでくださったこころ遣いと行動力によって、私は幸せな思いに包まれながら、復路の飛行機に搭乗することができました。

もてなしとは、こうした目には見えない時間と、どれだけこころを積極的に動かすかという、活発に察する気持ちがなければ成立しません。相手と対面している時間よりも、さらに多くの時間を、察することに費やすこともあるでしょう。

さらにいえば、察する気持ちは、そのことを少しでもひけらかした瞬間、単なる「前きらめき」に過ぎないものとなってしまいます。

前きらめきとは、小笠原流の伝書に記されている表現なのですが、自分の知識をひけらかしたり、恩に着せるようなことをいったりすると、たとえ無意識であっても、結果的には配慮に欠ける言動に繋がってしまうことを指します。

「察する」と同時に、「慎む」ことを忘れない。それが日本のもてなしを生むのです。いいかえるならば、もてなしには「深謀遠慮《しんぼうえんりょ》の精神」が欠かせません。

「深謀」とは、深く考えをめぐらせたはかりごと。「遠慮」とは、遠くを慮《おもんぱか》ること。もてなしをそのように捉えると、相手や周囲の人々に対して、前述のように、目に見えないものに自分のこころを託すこと、あるいは、状況によりあえて目に見える気遣いを省略することもあるわけです。

一見、すぐに相手には伝わらない程度のかたちは、積極的なこころの動きからなる遠慮があるからこそ、その程度が的確に判断され、その判断に基づいた日本固有のもてなしが完成されます。

サービス、ホスピタリティと、もてなしとの違い

ところで、日本のもてなしは、時に海外のサービスやホスピタリティと比べられたり、同様であると考えられることがあります。その際、海外の方に、その違いをどのように説明したらよいのでしょうか。

「サービス」は、お客様が欲する事柄に対して、もてなす側がマニュアルに基づいて、確実さや効率性、あるいは合理性などを追求し、もちろん価格も考慮し、機能性も重視してなされるものといえましょう。サービスにおいては、お客様ともてなす側には、主従関係が成立

します。

「ホスピタリティ」は、サービスを身につけたうえで、お客様が求める思いや期待を超えた付加価値を提供し、感動を与えられる領域に存在します。サービスは義務感があっても行えるかもしれませんが、ホスピタリティは、提供する側に充実感や充足感がなければ存在しません。ホスピタリティには、礼法でいうところの「かたち」のみならず、「こころ」も備わっています。

先にも記しましたように、もてなしがホスピタリティと同様に扱われることを、間違っているとは申しません。しかし、十割すべて同じであるとは考えにくい部分があると感じています。

ホスピタリティと比べて、もてなしには、より深い「間」が求められると思うからです。物理的にも心理的にも、わずかな間から、ことばでは表現することのできないほど微妙な互いのこころの機微を感じ取り、そこに感謝の念が生まれ、円滑な人間関係が育まれる。

そのような細やかな配慮を重んじる理由は、第1章、第2章でも触れたように、日本人は農耕民族であるがゆえ、自然に対する思い、神への願いや感謝、そして人と人との強い結びつきへの思いがこころの根底にあるということです。

農作業はたった一人で行えるものでも、数日で終えるものでもありません。だからこそ、周囲との関係を大切にしながら、秋の収穫を迎え、喜びを分かち合ったのです。

過剰な気遣いをあえて省略する

先日、日本の航空会社の飛行機で、地方へ出張に出かけたときのことです。

機内で「お手荷物は上の棚に入れるか、前方の座席下に置いてください」という客室乗務員の方からのご案内がありました。荷物を床に置こうとした際、「よろしければお荷物の下に敷いてお使いください」と白のシートをいただきました。

危険を防ぐための荷物の扱いの案内であっても、そこに留まらず、お客様の気持ちを察するこころの動きによって、清浄感を重んじた荷物への配慮が生まれたのでしょう。

一方で、乗り物に乗る、あるいはホテルや旅館に滞在するとき、スタッフの方から過剰に気遣われることによって、かえって居心地が悪くなってしまうという声を聞くことがあります。

小笠原流の伝書に、

いかにも上たる御前にては礼あるべからず

と、あります。

最も気遣いをするべき上の立場の方に対しては、フォーマルで丁寧な対応を行いたいと思うことは当然です。

しかしながら、丁重な挨拶やことばをかけることは、かえって自分の存在をアピールしてしまうことにもなりかねません。

ゆえに、空気のような、あるいは水が流れるような動きをこころがけ、あえて余計なことはすべて省略するように徹する。

これこそが、究極の日本のもてなしではないでしょうか。

◇チップとこころづけは同じものですか

対価ではなく、感謝のこころを示すもの

日本では、誰に対してもチップを渡すことはありませんが、「こころづけ」を渡す習慣は存在します。

この二つを比べると、チップは、提供されたサービスに対して払うべきもの、こころづけは、払わなくてもよいもので、感謝のこころを示すもの、という明確な違いがあります。

こころづけについて、外国の方から説明を求められるときには、どのように答えたらよいのでしょうか。

こころづけは、結婚式や披露宴、パーティーやレセプションなどにおいて、お世話になるスタッフやその他の関係者の方々にお渡しします。

また、旅館などで、お世話になる方にお渡しすることもあります。

最近は、旅館の宿泊費にサービス料が含まれるので、こころづけは必要ない、と思う方が増えているようですが、お渡ししていけないものでもありません。

また、旅館では、到着してから部屋へ案内してくださる方と、食事などのお世話をしてくださる方とが異なる場合があります。

基本的には、部屋に入った後、担当してくださる仲居さんが、ご挨拶と夕食の時間の確認にきてくださったタイミングで、お渡しすることが多いかと思います。

まだサービスを受ける前にこころづけを差し上げることに、違和感を覚える方がいらっしゃるようですが、それは「サービスに対する対価を支払う」という感覚が強いゆえかもしれません。

旅館でのこころづけは、これからお世話になることへの感謝を表すかたちです。

もちろん、初めはこころづけをお渡しする必要はないと思われていても、滞在中にこころを尽くして対応してくださったことへの感謝の気持ちとして、帰り際にお渡しになることがあっても不思議ではありません。何よりもご自身のこころからの行動であることが大切です。

いつでもこころづけを包めるように、用意しておきたい懐紙

ある旅館に滞在したときのことです。夕食時、息子がある試験を受け、合格の知らせを電話で受けたことを耳にされた仲居さんが、少し照れくさそうになさりながら、笑顔で万歳をして、私たちとともに喜んでくださいました。その仲居さんの笑顔があまりにも透明感があって、ともに祝ってくださる気持ちが伝わってきました。

それからすぐに、「これは私からのこころばかりのお祝いです」と、息子にジュースを持ってきてくださった際、素直にそのお気持ちを受け止めることができました。その日、初めてお目にかかった仲居さんの優しい表情とこころ遣いによって、私たちは一人家族が増えたような思いで、素敵な夕食をとったことを今でも覚えています。

到着してからすぐにこころづけをお渡ししていましたが、後日、御礼の書状をお送りいたしました。それから何度もその旅館を訪れていますが、どのスタッフの方も明るく迎えてくださるので、自然とこころづけをお渡ししたくなります。この旅館に伺うと、気持ちが和らぎます。

ところで、あらゆる場面でお金をお渡しするようになったのは、戦後からといわれています。なぜなら、すでに第1章に記したように、清浄感を重んじる日本人にとって、お金はあらゆる人が触れたもの、すなわち不浄と捉えられていたためです。

それゆえ、こころづけをお渡しする際には、新札を用意しておきましょう。

海外の方は、エコロジーの感覚から、紙の無駄使いと思われるかもしれませんが、紙幣を直接差し上げることは失礼ですので、ポチ袋に入れる、または懐紙で包みます。

突然、こころづけを包む機会がないとはいえませんので、日頃からハンドバッグの中に懐紙をしのばせておくと便利です。

懐紙を携帯される場合は、懐紙が汚れないように、懐紙入れ（懐紙ばさみ）やポーチなどに入れましょう。

◇日本人はなぜ、お辞儀をするのでしょうか

海外の方の挨拶

日本では、挨拶の際にお辞儀をします。お辞儀は、日本人の特徴として、海外の方にもよく取り上げられます。

それでは、海外の方は挨拶のときにどのようなことをなさるでしょう。

まず、握手があげられます。

握手は、手の中に武器がないこと、すなわち相手に敵意を抱いていないことを示します。

日本人は、握手に慣れていないこともあり、握手の力が弱いといわれがちです。しっかりと手を握ることは、相手への気持ちの表れですので、相手の目を見て、しっかり握手をするとよいでしょう。

さらに、日本人が躊躇《ちゅうちょ》しがちな挨拶の方法に、「ハグ（抱擁）」と「ビズ」があります。抱擁といっても、相手を軽く包み込む程度のものです。初対面では握手が基本ですが、敬愛

の念を込めて、ハグを出会いと別れの際にします。

ビズという挨拶もあります。互いのほおをつけながら唇を軽くすぼめて「チュ」と音だけを出します。実際に唇をほおにつけることはしません。これを左右一回ずつの計二回、あるいは三回、地域によっては五回するところもあるそうです。

ハグ、ビズいずれも、相手との距離が近いわけですから、これらも「相手に対して敵意を抱いておらず、相手を信頼し、こころを開いている」ことを表現します。

立礼の種類

現代の日本人が行う挨拶は、立礼《りつれい》をともないます。立礼は、「会釈《えしゃく》」「浅めの敬礼」「深めの敬礼」に分けられます。

立礼をするときは、腰から上体を倒すようにこころがけましょう。

特に会釈のように、前傾する角度が浅いお辞儀ほど、首から頭のみが深く下がってしまうと見た目に美しくありません。

会釈は、身体の脇に自然に下ろした両手が、腿《もも》の前にくる程度まで前傾します。部屋の出入りや茶菓を運ぶときなどに用いられます。

浅めの敬礼は、両手が膝上の中間あたりまでくる程度に前傾します。出会いと別れ際の挨拶に用いられることが多いでしょう。

深めの敬礼は、両手の指先が膝頭に達する程度まで前傾します。見た目にも深いお辞儀ですので、日常生活で用いることは少ないかと思います。感謝や非礼をお詫びするときなどに用います。

相手の前に頭を下げる意味

あたりまえのことですが、立礼は前傾する角度が深いほど、相手に頭を深く下げます。つまり、自分の急所である頭を、相手の前に下げるわけですから、お辞儀も、相手に敵意を抱いていないこと、相手を信頼していることの証のひとつなのです。自分の命が狙われるなどと思う状況で、お辞儀を行うはずはないということです。

お辞儀に関して、もうひとつ大切なことがあります。外国映画で日本人が登場すると、何度も頭を下げながら挨拶をするシーンをご覧になることがあるかもしれません。高速で身体全体を動かす姿になぞらえて、このようなお辞儀を「コメツキバッタのようなお辞儀」ということもあります。

しかし、こうしたお辞儀は、本来の挨拶の意義から外れます。

小笠原流礼法の教えで「礼三度に過ぐべからず」とありますが、一回の挨拶の場で何度もお辞儀をすると、かえってお辞儀が軽くなってしまうので、お辞儀の回数はできる限り少ないほうが好ましいのです。

この点を外国の方にもお伝えし、ご理解いただくことが大切ではないかと思います。

丁寧なお辞儀をし、「本日は貴重なお時間を頂戴いたしまして、ありがとう存じます」など、こころを込めた口上を述べ、素敵な挨拶をこころがけることが大切です。

相手と会った瞬間に相手へのこころを表現するかたち、それがお辞儀なのです。

◇日本人は、なぜあらゆる場面で贈答品を渡すのですか

神と人との共食が贈答の起源

訪問、御礼、結婚などのお祝いから、葬儀に至るまで、あらゆる場面において、日本人は贈答を欠かすことなく、生活の一部として受け継いできました。

外国人の方々からすると、なぜこれほどまでに贈答文化が発展したのかと、疑問をお持ちになるかもしれません。

贈答は、神と人との共食に由来します。神と人とが同じ火で煮炊きしたものをいただくことによって、神と人との交流がはかられ、強い繋がりのもとに加護を願うということです。

何度も記しますが、天災を避け、実りある秋を願う農民たちは、祭りの後に神饌や供物を取り下ろし、人間関係を強化する一助として、集団や共同体でそれをいただく、つまり、人と人との共食を大切にしました。この供物こそ、贈答の起源といえましょう。

鎌倉時代頃からは、八朔《はっさく》の贈答という習慣がありました。もとは、八月一日に、早稲《わせ》の実をかわらけ（素焼きの器）に入れ、ともに働いた農民たちがその実をつまみ合って収穫を祝う「田《た》の実《み》の節供」という風習です。

この風習が武家社会にも伝わり、主従関係が不安定であった時期には、「田の実」から「憑《たの》み」という、お互いが頼み合うものへと変化したため、お米ではなく、馬や太刀などが贈答品に用いられるようになりました。

江戸時代には、大名から将軍へ、贈答品を献上し、将軍からも賜物があったといいます。

中元の意味を知る――親に贈り物をする

また日本には、お中元とお歳暮という贈答の風習があります。

これは、中国の道教の三官《さんかん》信仰というものに由来します。三官信仰では、神様を三元《さんげん》の日に祀ります。

三元のうち、陰暦の一月十五日が上元《じょうげん》、七月十五日が中元《ちゅうげん》、十月十五日が下元《かげん》の日です。

このうち中元は、善悪を判別して人間の罪を許す神を祀る「贖罪《しょくざい》の日」とされ、これが仏教の盂蘭盆会《うらぼんえ》（お盆）に結びついて、日本に定着したといわれています。

七月十五日（お盆）の供え物を親類や近所の人々に贈る習慣、あるいは生御霊《いきみたま》（生見玉、生御魂）といって、健在の親に食べ物を贈るなどしてもてなす行事が、中元に繋がったとも考えられています。


現在、お中元は半年の感謝、お歳暮は残りの半年、あるいは一年を通じての感謝のしるしとしての贈答の意味が強いですが、お歳暮はお正月の歳神様に供える祝《いわ》い肴《さかな》を実家に贈る習慣によるもの、あるいは盆行事と結びついたものという説もあります。

生御霊は、七月に行うだけでなく、お正月にも、親が健在な人がお餅などを持って里帰りをする風習もあります。

また、お正月に迎える歳神様には、祖霊としての性格も認められています。

さらに、一部の地域ではありますが、新御霊《あらみたま》といって、新仏のいらっしゃる家には、お盆と同様に年末からお正月にかけて祖霊を家に迎えるという風習もあるようです。

◇贈答に関する心得を教えてください

熨斗とは、鮑だった

贈答品には欠かせないものがあります。それは、熨斗《のし》です。

熨斗とは、「熨斗鮑《のしあわび》」の略。鮑を薄く削いでいったものをいったん乾かし、さらに水で引き伸ばしたものが、本来の熨斗鮑です。

熨斗は、金子《きんす》包み（祝儀袋）の右上に貼ってあったり、あるいは熨斗紙の右上に印刷されているものですが、よく見ると、中に黄色や茶色の系統の熨斗鮑が包まれていることがわかります。

鮑は神様への供物の代表的なものですが、栄養価が高く、日持ちもすることから、長寿を表すものとしても、贈答には欠かせない存在でした。現在でも、伊勢神宮などでの神事では、鮑でつくられた熨斗鮑が使われています。鮑をご神体とする神社もあるほどです。

鮑以外のものが贈答に用いられるようになっても、熨斗鮑や干鮑《ほしあわび》が添えられていましたが、現在は小さな熨斗へと変化しています。

熨斗は、主にお祝いごとの際につけるものです。熨斗には「のばす」という意味もありますので、お見舞いや弔事の金子包み（不祝儀袋）などには使用しないのが一般的です。また、仏教では殺生を嫌うため、生臭物《なまぐさもの》の一種である鮑を金子包みにつけるのは、弔事以外であっても避けることがあります。

金子包みの心得

悲しみごとの場合、表書きは薄墨で記します。金子包みの裏側の重ね方ですが、慶事は下側を上にし、弔事は上側を下に向かってかぶせます。慶事は喜びを受け止める、弔事は悲しみで頭を伏せている、という意味も込められています。

弔事の場に新札を包んでいくことは、亡くなることを予期していたかのようで失礼である、といわれます。

しかし、遺族の側でお金を取り扱う方の立場で考えると、汚れた紙幣を包むことも失礼です。

したがって、新札を二つ折りにし、折り目をつけた紙幣を包むとよいかと思います。

いただいたものに少し、お返しをするこころ

贈答品を、広蓋《ひろぶた》（縁のある大きい角盆）、祝儀盆（切手盆：金封やご祝儀などを贈るときに使用する盆）などのお盆にのせて、掛けふくさをかけ、風呂敷で包んで持参することがあります。

受け取る側は、贈答品を受け取った後、おうつり（おため）をお盆にのせます。おうつりとは、お祝いをいただいたときにお返しするお礼の品のことです。これには、贈答品に対する感謝のこころと、今後も縁が途絶えることなくお付き合いが続きますように、という気持ちが込められています。

たとえば、夕食の支度をしていたら、思っていた以上に煮物を多くつくってしまったので、

器に入れてお隣りの家におすそわけをする、とします。煮物をいただいた側は、後日、器に懐紙（半紙）やつけ木を入れてお返しします。これがおうつりです。

つけ木とは、火をつけ移す際に使われる木片で、端に硫黄《いおう》を塗りつけてあります。マッチが普及するまでは、どの家庭においても必要とされるものでした。

このおうつりを、関西では、おためと呼びます。地域によっては、交通費の意味も込めて、頂戴した金品の一割程度をお包みすることがあります。

高価なものではなくても、たとえば、隣近所から分けていただいた食べ物が入っていた器に、こころばかりのものを入れてお返しする気持ちは、いつの時代においてもなくしたくないものです。

◇日本人が丁寧にものを扱う理由を教えてください

ものの扱い方にこころが表れる

海外に行くたびに感じることとして、ものの扱い方についての意識の違いがあげられます。

たとえば、レストランでお皿の中のお料理がこぼれてしまいそうな勢いで運ばれてくる、あるいはホテルにチェックインする際にトランクが無造作に扱われるなどというとき、自分自身までもが丁寧に扱われていないような印象を受けてしまうことがあるかもしれません。

昨今、日本においても、ものを荒々しく扱う人が増えていますが、日本では古来より、ものの扱い方に人のこころが表れると考えられてきました。

小笠原流の教えに、

軽きものをば重きもののように心得て持つべし……（中略）……重きものをば軽きもののようにしなしたるがよし

とあります。

片手で扱うのに十分な大きさや軽さのものは、うっかり片手で扱ってしまいがちです。しかし、軽いもののときほど丁重に扱うことで、相手の方を大切に思うこころを表現することができます。

一方、重いものについて。

たとえば、持ってきて欲しいと依頼した資料や書籍が、厚みと重量があるものだったとします。それらをいかにも重そうに目の前に運んだとしたら、受け取る側は、こころ苦しく感じてしまうことでしょう。

無理をしすぎる必要はありませんが、伝書に、

目をしかめ、せいを出すふりは見苦しきなり

と記されているように、いかにも重量があるということが、相手にできる限り伝わらないようにする配慮は必要ではないかと思います。

先を予測して、こころを遣う

ものを扱う際の配慮が、相手に対するこころ遣いに繋がることは、花の受け渡しの心得にも共通します。

伝書には、

花の受け取り渡しのこと。木のときは花を上へなして渡すべし。草花ならば花を下へ向

けて渡すべし

とあります。花に負担をかけずに渡す、そうすることによって、差し上げる花は傷みにくく、長時間咲き続ける可能性があります。

このように、現時点でなく、その先はどうなるのかを予測する行動は、礼法の観点からも欠かすことができません。


たとえば、日頃お使いになっているはさみをお渡しになるとき、どのような点に注意されますか。

まず、刃先を相手に向けることは、当然のことながら危険であり失礼です。だからといって、刃先を持ってお渡しすることも避けたい行為です。なぜならば、指先の脂によって刃先が切れにくくなってしまう恐れがあるからです。

したがって、刃先を相手に向けたり自身で持つことがないよう、さらには相手が受け取りやすいように、はさみの中心あたりを持ってお渡しすることが望ましいかと思います。

「もの」は丁寧に扱うことによって、こころを通わせる「もの」にも変化させることができるのです。

◇日本に独特の「敬語」について教えてください

相手を敬うことばの種類

敬語は、尊敬語、謙譲語、丁寧語の三種類であったのが、現在は尊敬語、謙譲語（謙譲語Ⅰ）、丁重語（謙譲語Ⅱ）、丁寧語、美化語の五種類に分けて考えられています。細かく分類することも大切ですが、まずは三種類について、しっかり理解を深め、外国の方から尋ねられた際にも答えられることが望ましいと思います。

〈尊敬語〉

尊敬語とは、相手や話題にあがっている人を高く表現することにより、敬意を表するものです。その人そのものや、その人に属するもの、事柄、行為、状態などについて話をする際に用います。

「お」「ご」「御」「様」「貴」「殿」などをつける場合（例：お宅、おみ足、ご意見、ご住所、御社、貴社など）、「れる」「られる」「お（ご）〜になる」をつける場合（例：読まれる、お読みになる、書かれる、お書きになる）、そのことば自体で尊敬の意を表す場合（例：食べる・飲む→召し上がる、言う→おっしゃる、見る→ご覧になる、行く・来る・いる→いらっしゃる、する→なさる）などに分けて考えられます。

〈謙譲語〉

謙譲語とは、自分や自分の側の人を低く待遇してへりくだることにより、相手や話題にあがっている人に敬意を表するものです。

「弊」「拙」「愚」「小」「ども」などをつける場合（例：弊社、拙宅、愚息、小生、私ども）、「お（ご）〜する」をつける場合（例：お渡しする、ご連絡する）、そのことば自体が謙譲の意を表す場合（例：読む→拝読する、聞く→拝聴する、もらう→いただく・頂戴する、聞く、尋ねる、訪問する→伺う、言う→申す・申しあげる）などに分けて考えられます。

〈丁寧語〉

丁寧語のうち、相手に対して特別な配慮を持って敬意を表すものを丁重語、ことばを上品に美しく表現するものを美化語といいます。この二つを合わせて丁寧語といいます。「です」「ます」「ございます」をつける場合（例：本です、書類でございます）、「お」「ご」をつける場合（例：お茶、お化粧、ご飯）、謙譲語が丁寧語になる場合（春が参ります、論より証拠と申します）などとさらに細かく分けて考えることができます。

言葉の内容以上に大切な、「言霊」への意識

品格のあることば遣いとは、こうした敬語を正しく覚えることだけでは成り立ちません。日本では古くから、「ことばには魂が宿っている」、すなわち「言霊《ことだま》」の存在がいわれます。つまり、ことばそのものが表す内容以上に、ことばを発する人自身の表情や所作から醸《かも》し出される全体の雰囲気によって、敬語は成立するのです。

この「言霊」について、外国の方に説明なさってみることで、日本のことば遣いに興味を持っていただくきっかけになるかもしれません。

昨今、話をする際に、質問するように語尾を上げる人が増えていますが、大変不自然であ

り、品格を損ないます。語尾を大切にすること、さらには声の音量への意識も、美しいことば遣いには欠かせません。

対面している場合には、相手との距離に応じた音量で話す。電話の場合には、周囲の人の声や雑音が入らない環境を選んで話をするなどの配慮を忘れないようにいたしましょう。

品格を損なうことば遣い

次に、最近、特に気になる間違ったことば遣いを列記いたします。

《〜になります》

「こちらが資料になります」という表現は、好ましくありません。「こちらが資料です」でよいのです。

《〜のほう》

「〜になります」と同様に、「〜のほう」と必要ないことばが加えられることが多くなりました。方向、選択するもの、比較するものがある場合に「〜のほう」は用いてもよいのですが、ひとつしかない場合には不適切です。
「お荷物のほうをお預かりいたします」ではなく、「お荷物をお預かりいたします」と表現しましょう。

《私的には》
曖昧《あいまい》な印象が残り、誤解を招くことも考えられますので、「私は」とお伝えします。

《やっぱ》《やばい》《まじ》《うまい》《でかい》
これらの表現は品格を損ないます。「やっぱ」のひと言で、ことば遣い全体の印象を下げてしまいますので、日頃から用いることのないように注意が必要です。

◇日本人の距離感「間」について、教えてください

気遣いにより、互いのこころの平穏を得る

これまでも距離感や間については記してきましたが、改めて「間」について触れておきた

いと思います。

国土に限りのある日本においては、村社会のなかで、互いの住居の物理的距離感が近いだけでなく、ともに仕事をするうえで、自分だけがいい思いをすること、他者に迷惑がかかること、家の恥に繋がることは避けたいと考え、周囲への気遣いを大事にしながら生活していました。

農耕中心の暮らしにおいて、昨日の続きが今日であり、今日の続きが明日、という概念が根本にあり、同じ地に定住し続ける生活スタイルがあったからでしょう。

ところが現代においては、核家族化が進み、マンション内で隣りの部屋に住む人の顔すら知らなくても生活はでき、生まれ育った地を離れる人も増えています。

昔はそうはいかなかったわけです。相手や周囲の人から、自分や家族はどう見られているのかということに敏感だったわけですが、それは自分たちを守るためだけでなく、心地よい空間をつくることが、互いにとっての幸せとこころの平穏に繋がると思っていたからに違いありません。

気遣いとへつらいの違い――卑怯といわれることは人格を否定されるほどのこと

ここで誤解しないでいただきたいことは、「気遣い」と「へつらい」は異なるという点です。

主人の御気に合い候わんとするはわろし

と小笠原流の伝書が語っているように、武家社会においても、上司から無理に気に入られようとする行動は、周囲から見透かされてしまうので避けるべきであり、時には諫言《かんげん》することも重要であるとされていました。無理にへつらうのではなく、自然な行動が求められていたということです。

これは武士の世界においても同様であり、武士にとっては、こころから成る自然な行動が重んじられ、また「名誉」が欠かせませんでした。

そのため、他者から後ろ指を指され、「卑怯」といわれることは、人格そのものを否定されることだと認識されました。

心身の距離にも、一定の間を持つ日本人

「間」についていうならば、現代においては、気遣いをして人の気持ちを察しようとするあまり、必要以上に相手との距離をとってしまうことには、注意をしなければならないと思います。

たとえば、外国人は、エレベーターに乗った瞬間に笑顔で挨拶をしてくださいます。時には「今日は天気がよいですね」などと話しかけてくださることもあります。

おそらく、狩猟民族だった国の人々は、移住を繰り返すなかで、初対面の人と、互いに敵意がないことを瞬時に伝え合う必要があったからなのではないでしょうか。

「あなたの気持ちをお察しします。私の気持ちは、ことばで説明しなくてもわかりますよね」とことばで表現しない文化と、「私は〇〇を希望します。あなたは何を希望しますか」とことばで表現する文化。互いの心理的距離感は、それぞれの国によって異なります。ここに優劣はありません。

ただ、日本人は単なる人見知り、恥ずかしがりやと、簡単にくくってしまうのではなく、すべてをことばで表さずに相手のこころを察する文化だからこそ、初めはお互いの間に、心身ともに距離が保たれるようにとこころがけること、また、すぐに意見を発するのではなく、

何ごとも即答せずに、間を持って話を進める思考が根付いていることを、海外の方に理解いただくことを願っています。

一方で、現代を生きる日本人は、初対面の人にも自分から声をかけ、打ち解けられるように努力を重ねる必要もあると思います。

相手のこころを大切に思いながら、積極的に会話を進められる日本人が、これからの社会にはますます求められるのではないでしょうか。

第4章　公共の場での礼儀作法

◇日本人は勤勉とはいわれますが、少し忙しなさすぎませんか

几帳面、計画通りにものごとを運びたがる国民性

日本人はとにかく忙《せわ》しない、もっとゆったりと生活すればよいのに、などというお声を、海外の方から頂戴することがあります。日本の電車やバスが時刻表通りに発着することも、外国人から見ると驚かれることのひとつのようです。

日本を訪れる観光客がますます増えていますから、「日本人の忙しなさや几帳面さ」について聞かれることも多くなると思います。

ヨーロッパに在住の知人が、「上の階からの水が漏れて天井の一部が落ちてしまったの。すでに一か月ほど経過したけれど、保険会社もゆっくりしていて、未だに工事の見通しが立っていない。日本では考えられないことです」とおっしゃっていました。

一方、平成三十年九月の台風二十一号は各地に甚大な被害をもたらし、大阪港に停泊していたタンカーは関西空港連絡橋に衝突し、空港までの線路も破損、復旧までに一か月は要するといわれていました。ところが、なんと二週間で、りんくうタウン駅―関西空港駅の区間

で運転を再開し、さらにその数日後には、全面再開しました。

海外の友人は、「さすが日本。他国では考えられないほどのスピード感で復旧しましたね」と驚いていらっしゃいました。

このように計画通りにものごとを運ぶ日本人にとって、海外で暮らすことはストレスに繋がるというお声もたびたび耳にします。日本にいるときにはあたりまえに行われていたことが海外では困難を要するのは、生活に関するあらゆるリズムが異なるからでしょう。

ただし、お嘆きの声だけではないのです。「公的な仕事は私的な自分の時間を楽しむためにあるもの」とまでおっしゃり、長期休暇を楽しむ外国人のゆったりとした暮らしには、実行するか否かは別として、憧れの念を抱く日本人も少なくありません。

自分の時間より公共の時間を優先する理由

日本人は勤勉といわれますが、なぜ自分の時間よりも仕事を優先する国民性があるのでしょうか。

それを語るには、島国という立地と四季に恵まれた環境のもと、同族意識が強く、農耕が中心の生活であったことを、再認識する必要があります。

四季があるということは、生活が多様といえます。暑さ寒さに対応し、暮らしを存続するには、知識を深め、技術力を高めることも求められます。さらに島国であることから、日本特有の文化が生まれることが想像できます。

また、日本では、自分の祖先や血統の氏神信仰により、祭りが行われたわけですが、同族のなかで交互に神主《かんぬし》の代理を務めたことで、ますます同族意識は深まりました。さらに、土地の産土神の信仰があったため、血縁と地縁のどちらも大切にされたわけです。

こうして人間関係が密になると、規則にしたがって生活することが求められます。

「家紋」が高めた同族の意識

ひとつの決まりごととして、家紋があげられます。同族の意識は、家紋を通じて海外の方に説明すると、わかりやすいかもしれません。

家紋は平安時代から存在するといわれていますが、江戸時代には農民、町人、あらゆる人々が家紋を持つようになりました。

家紋を見れば、どの家の人か、あるいはどの家に勤めている人かがわかります。ゆえに、悪事を働いたときにも、家紋によって、どの家の人なのかが瞬時にわかってしまうので、家紋をつけることが「悪いことは行わない」という心理へと導きました。

また農業は、集団による作業となるため、共同体での生活が中心でした。血縁はなくても、地縁によって、家族の意識が高まりました。

ともに働き、収穫を共有する。そのような意識は、農業のみならず、漁業にも共通していました。海で綱を引くことは、一人では行えないからです。喜びも悲しみも、すべてを互いに分かち合っていたわけです。

「村八分」の意味

話が脱線しますが、こうした暮らしのなかで「村八分《むらはちぶ》」ということばが出現しました。

江戸時代、八代将軍徳川吉宗が、上下二巻にわたって編纂《へんさん》させた幕府の基本法典「公事方《くじかた》御定書《おさだめがき》」があります。これは庶民を対象とする法規集ですが、この内容が、共同体で暮らす村の生活にも影響を及ぼしたと考えられています。

悪行を働いた人に対しては、十ある交際（冠・婚・葬・建築・火事・病気・水害・旅行・出産・年忌）のうち、火事と葬儀、この二つに関しては自分たちにも関わることなのでつき合うが、ほかの八つは関知しない。それが「村八分」の意味なのです。

日常のあらゆる事柄を共同体で行う村社会から排除されることは、生死にも関わるほど重大なことでした。一人だけが楽をするなどという発想は、自分の身を滅ぼす可能性があったのです。

身分が高い人ほど、他の利益のために尽くすべき

さて江戸時代以降、人々の暮らしが平穏になると、農民は家族間で互いに勤勉に働くことで、生活の安定と充足感を得ました。

こうした平和な暮らしが、親から子、子から孫へと代々続くことは、誰もが願って当然のことです。

小笠原流の伝書に、

人は大かた高きもいやしきも人のために辛苦をするならいなり。国をもち所領をもち候人は人民のため天下のためにこころをつくしぞんずべし。惣じて身にそうたほど分際にしたがい徳を諸人にほどこすべし

とあります。

身分が高い人ほど、単に与えられた仕事をこなすだけでなく、全体を俯瞰《ふかん》して的確な判断をし、状況に応じて様々な計画を立てることも必要であり、己の利益ばかりを追求するのではなく、自分の分際《ぶんざい》にしたがって周囲へのこころ遣いも欠かしてはならない。

それは、今も昔も変わらない、人として持つべき心得ではないでしょうか。

このように、自分の生まれた国土の環境、共同体での生活、農耕によって、日本人の勤勉さは育まれたのでしょう。

それを「忙しない」ととるか、「一生懸命に励む」ととるかは、人それぞれです。

健康を害してまで働くことは望ましくないと思いますが、周囲との協調性を大切にするこころの文化は、いつまでも失わないでいたいものです。

◇海外から広がるウーバーやカーシェアリングなどのシェアの感覚は、日本人にどう受け取られていますか

ウーバーに求められる安全性、安心感

海外では普及しているウーバー（専用アプリを使って、ハイヤーを予約・利用できるサービス。一般のドライバーが自家用車を使って空き時間に配車することもできる）ですが、日本ではなかなか利用する機会がありません。

なぜ日本では普及しないのでしょうか。その第一の理由は、法規制によるものです。そもそもタクシードライバーの条件は、三年以上の運転経験と無事故無違反など、かなりハードルが高く、制度や安全性の面で超えなければならない課題がいくつもあるようです。

古い方法に固執して、新しい方法を取り入れないことは、ナンセンスだとは思うのですが、拙速になることも望ましくはありません。お年を召した方や身体の不自由な方であっても、安全に、安心して利用できる制度をつくることは、やはり大切ではないでしょうか。

海外において、安心と安全が大切であることを痛感したウーバーに関する経験があります。パリ出張中の会食後、ホテルまで帰る際に、知人の方が、「私が登録しているウーバーでお帰りください」と、スマートフォンでウーバーを呼んでくださいました。

何と便利なものがあるのでしょう、と感激しながら、到着した車に乗り、しばらくしてからのことでした。突然、運転者の方が険しい表情で話してきました。

何が起こっているのか、フランス語がわからない私は、「何か問題があるのですか」と英語で尋ねてみても、かえってくることばはフランス語。

しばらくしてようやく、起こっている事態に気づいたのですが、知人の契約しているクレジットカードが、システムの不具合で使用できないので、今すぐに車を降りるようにいわれていたのでした。

外を見ると人通りが少ない裏通り。しかも、どこにいるのかもわからない。安全面からも、何とかこのままホテルまで送ってもらえないかと思った私は、現金での支払いで乗車させて欲しいと必死に伝えました。

しかし運転者は、後部座席のドアを開けながら再度、降りるようにと大きな声と手振りで伝えてきます。その迫力もあって、車を降りることとなりました。

その後、ようやく見つけて乗ったタクシーの運転手の方が、笑顔で会話を続けてくださったので、それまでの不安感は一気に払拭《ふっしょく》され、このできごとを良い経験として思い出に加えることができました。

カーシェアリングにも清潔感が必要

数年前、やはり海外において、カーシェアリングの車に同乗する機会がありましたが、枯れ葉が積もり、泥が付着している車内の床を見たときには、正直なところ驚きました。

一般的に日本人は、こまめに洗車を行っていると思いますが、国内で目にするカーシェアリングを利用した場合、車内を汚してしまったときの決まりごとがあるのかどうかが気になり、調べてみました。

そこでわかったことは、定期的に清掃を行うスタッフが巡回しており、クリーナーや消臭スプレーなど、簡単な清掃道具が備え付けられている車もあるということです。

昨今、車を持たない若い世代が増えていますが、運転免許を取らない人も増えており、車離れは加速していると聞きます。車を利用すること自体が減っているうえに、カーシェアリングの拠点と駅とが離れていると、利用されにくいという声もあり、普及には時間がかかることが予測できます。

◇日本で民泊を利用する際に、注意するべきことはありますか

ごみ、音をめぐるマナーを守る

次に、観光客の方の民泊の利用について。

民泊では、近隣住民とのトラブルや、提供する側と宿泊者とのトラブルもあると聞きます。その原因としては、ごみ処理のマナーの悪さや、音、部屋の使い方に関する問題が考えられます。

日本では、次に使用する人が不快感を持たないように、また周囲に迷惑をかけないためにも、ごみは定められたように分別して、ごみ置き場に出します。様々な種類のごみを、ひとつのごみ袋に一緒くたにして出すことは、ルールに反するのです。

人の不快をつくり出す要素のひとつである音に、日本人は大変敏感です。窓を開けたまま、ドアを開けたまま、あるいはベランダで大きな声で話すことは避けるべきであることを、海外の方にも理解いただきたいと思います。

また、音楽を聴く際に、音量を大きくすることも好ましくありません。

これらの配慮は、民泊にかぎらず、ホテルや旅館に滞在するときにも忘れないことが大切です。

共有する備品・部屋――自分の所有するものではないからこそ丁寧に扱う

備品の持ち帰りや室内の使い方によってもトラブルに至ることがあります。

最近、ホテルでヘアアイロンなどを借りると、ホテルの名前がシールで貼ってあるのですが、理由は、日本人、外国人を問わず、持ち帰ってしまう人が増えたからでしょう。昔はこうしたシールを見ることはなかったように記憶しています。

室内では、シーツに飲み物をこぼしてもそのままにしてしまう、使用したタオルが濡れたままで部屋の床に置いてある、シャワーカーテンを用いずにシャワーを浴びたために備品が濡れてしまって使用できなくなる、といった問題も発生することがあるようです。

他者のものだから乱暴に扱ってよいわけはありません。自分の所有するものではないからこそ、丁寧に扱おうとするこころ遣いがあることによって、周囲との和が保たれます。

また、ひとつのものを共有することは、清浄感を重んじる日本人にとって、全く抵抗がないとはいえません。もちろん、その感覚も、若い世代になると、抵抗がなくなっている人が増えてきていることも事実ですが、使用前と同じ程度の状態に整える配慮は失くしてはならないと思います。

海外の方にかぎらず、日本人も、互いに不愉快な思いを相手にさせないように、思いやりの気持ちを忘れないことが、人として重要ではないでしょうか。

便利なものだからこそ、本来あるべき他者への最低限のこころ遣いを持って活用したいものです。

◇新幹線やタクシーなどで注意するべきことを教えてください

大きな荷物をどこに置くか

一年を通して新幹線を利用する機会が多いのですが、海外の方に荷物の扱いについて理解を得たいと思うことがあります。それは特に、大きな荷物の扱いです。

たとえば、最後部座席の背後に大きなスーツケースを置いてしまうと、その席に座った人は、背を倒すことが困難になります。背を倒したいのに倒せない。そのように困っている方を何度となくお見かけします。

特に女性の方で、スーツケースの重量があって荷物棚にのせられない、などの問題があるときには、乗務員の方に相談なさると、デッキに荷物置き場があることを教えてくださるでしょう。

ただし、荷物置き場には限りがあること、また新幹線にも、飛行機などのように荷物の持ち込みに関する制限があることに注意が必要です。

制限については、縦・横・高さの合計が二百五十センチ（長さは二メートル）まで、重さは三十キロ以内のものを二個までです。

また、頻度は少ないですが、新幹線内でスーツケースを開けて整理している方を時々お見かけします。車内の通路は乗車している皆様が歩くところですので、それを考慮なさることをおすすめいたします。

車内での飲食のにおい

長距離を電車やバスなどで移動する場合、車中でお弁当、おつまみ、お菓子をいただくこともあるでしょう。

そのような状況において、日本人の方にも、においが人の不快をつくり出すということを忘れないでいただきたいと感じることが増えてきました。

先日、新幹線で、通路をはさんで反対の席に座っている方は薫製品《くんせい》、後ろの席の方はカレーを召し上がっていました。それぞれの香りが立ち過ぎることで、お互いの香りを損ねてしまうことがあります。その時もしばらくの間、車内にはそれらの香りが漂っていました。

召し上がりたい食べ物を選ぶ前に、周囲に及ぼす影響を考慮する気遣いも重要ではないかと思います。

車内での会話、電話での通話の作法

音に対する配慮については前にも記しましたが、車中にほかの人が乗っているときには、会話の声の音量をいつもよりも落とすことが必要です。なぜなら会話する人数が増えれば増えるほど、声の音量はひとつのかたまりとなって大きくなるからです。

日本では、車内での携帯電話の使用は、どの乗り物でも控えるようにと案内があるのですが、それを守らない人が少なくありません。昨年、海外で飛行機に搭乗した際、離陸直前まで大きな声で携帯電話で話をしている人がいましたが、客室乗務員の方がそれを注意なさることはなく、音に関する意識の違いを学ぶ機会がありました。

また、携帯電話は、電話の向こうに話し手がいるわけですから、相手のことを考慮すると、周囲に話の内容が聞こえてよいものかどうかを判断することが必須です。

さらに、通話において、仕事やプライベートに関して深い話題に及ぶとき、こちらの声の背後が騒がしいと、話し手に不安を抱かせる恐れもあります。通話の内容が漏れてしまう可能性を相手が心配するのは当然のことです。

携帯電話は便利なものですが、扱う際には、使用する環境も選ぶことが、大人として当然の心得といえましょう。

荷物や雨で、タクシーのシートや床を汚さない配慮

次に、タクシーで特に気になることは、荷物や傘の扱いです。

キャスター付きのスーツケースは、キャスターの部分は汚れているわけですが、時折、タクシーのトランクに荷物を入れずに、後部座席に直接スーツケースを持ち込む方がいらっしゃいます。

特に、無造作に置いてしまうと、キャスターの汚れがシートについて、取れなくなってしまいます。後に乗る人は、その汚れを見た瞬間、触れたくないという気持ちになるでしょう。そうしたことを考えると、シートを汚さないように十分気をつけるべきではないでしょうか。シートの汚れといえば、雨の日の傘の扱いによっても、ほかの方に迷惑をかけることがあります。

豪雨の夜、前のお客様が降りてすぐ、タクシーに乗車しようとしたとき、床のマットの上に想像を超えた量の水が溜まっていました。雨量が多く、しかも風が強いと、衣服や傘についた雨水をはらってから車に乗ることが難しいときがあります。

自分ではどうにもならない場合、せめて、料金を支払う際などにひと言「雨水が床に落ちてしまって申し訳ありません」と告げることで、運転手の方にも状況をご理解いただくことができます。

また、ハンカチやタオルで最低限、衣服についた雨水を乗車直前に拭《ふ》くようにしたいものです。

◇化粧室や浴場で心得るべきことはありますか

便座の蓋は何のためにあるのか

化粧室を使用するたび、その人の品格を歴然と表す事柄があると感じます。まず、便座の蓋《ふた》を閉めるかどうかです。蓋を開けたままでよいなら、蓋は必要ないわけですが、蓋があるということは、そこに意味があると思われませんか。

まず、衛生面の確保です。蓋を閉めずに水を流すと、水が外に飛びます。蓋を閉めることで、ウイルスや菌の拡散を防ぐことができるのです。

便器の中におもちゃを落としてしまい、幼い子がそれを取ろうとして落ちてしまったという事故の記事を読んだ記憶があります。このような事故や、便器の中にものを落としてしまうことも、蓋を閉めておけば防ぐことができます。

また、暖房便座や温水便座の場合には、蓋を閉めることで節電になりますし、水の流れの騒音防止にもなります。

このように、蓋を閉めることは、周囲へのこころ配りのひとつであり、蓋を閉めていないことは、正しい化粧室の使い方が途中の段階で終わっている状態ともいえましょう。

余談ではありますが、以前、飛行機内の化粧室であることが起こりました。長距離の飛行であったため、楽な服装に着替えてしばらく眠った後、化粧室へ行った際のことです。ほとんどのアクセサリーは外していたのですが、ネックレスだけはつけたままでいたところ、寝ている間に外れていたようで、水が流れる直前に便器の中へと落ちてしまったのです。ネックレスはあっという間に機内のタンクへと吸い込まれていき、もちろん取ることは不可能でした。

何ともお恥ずかしい経験です。このことがあってからは、機内ではすべてのアクセサリーを外すように、こころがけています。

トイレットペーパーへの気遣い

トイレットペーパーの切り方にも人柄が出ます。トイレットペーパーを切った後、ペーパーホルダーから下に、かなり長くペーパーが垂れていることがあります。後から化粧室に入った人が、それを使用するときに、不衛生な印象を持つことが想像できます。

日本では、トイレットペーパーの切り口を三角形に折るとよい、ともいわれますが、私は少々行き過ぎているようにも感じています。もともとは、あるホテルで、清掃を終えたサインとして、切り口を三角形に折るようになったことがはじまりだと聞いたことがあります。

しかし、用を足した人が、手を洗っていない状態の手で、次の人が使用する部分に触れることは、不衛生ではないかとも思えるのです。

実際に、細菌の感染を防ぐために、三角折りを禁止している病院があると聞きます。

トイレットペーパーには触れず、ホルダーの蓋にだけ手をかけて、ミシン目に沿って切ると（ミシン目がない場合は蓋の端で丁寧に切る）よいのではないかと思います。

蓋に沿って切ってあると取りにくい、というご意見があるかもしれませんが、清浄を保つことが優先事項ではないかと考えます。

洗面台に表れる内面の美しさ

化粧室で注意することとして、洗面台の使い方もあげられます。

洗面台で手を洗う際に、水が飛び散ることがあります。それを拭かずに化粧室を出る方が大半です。

しかし、水しぶきが飛んでいる洗面台には、手荷物を置くことも気になりますし、衣服を濡らしてしまうことにも繋がり、また、清浄感にも欠けます。

また洗面台の前で髪の毛をブラシでとかすと、髪の毛が洗面台に容易に落ちます。手で髪を触っただけでも、髪の毛が落ちることがあります。

落ちた髪の毛一本であっても、そのままにしておくと、不潔な印象を周囲の人に与えかねません。

水しぶきや髪の毛を、ペーパータオルで、ペーパータオルがなければ、ご自身が携帯しているティッシュペーパーなどで拭き取ることをおすすめします。


以前、ある研修で講師を務めたときのことです。その研修に参加された方々は、あらゆる点から美を磨くことを目的に努力を重ねていらっしゃいました。皆様、才色兼備の方ばかりだったと記憶しています。

研修の冒頭に、参加された方々に対して、次のような質問をいたしました。

「見た目の美しさには限りがあります。内面からの輝きによって、人は真の美しさを持つことができるのではないでしょうか。内面からの美しさを磨くには、周囲の方々を大切に思うこころを育み、そのこころを、かたちを通じて表現することです。

そのことを踏まえて、この会場に入る前、化粧室を使用するときに、こころを動かして行動しましたか」

なぜこのような質問をしたのかと思われますか。

じつは研修がはじまる前、その会場付近にある化粧室に向かいましたが、手を洗おうと洗面台の前に立った瞬間、今まで見たことのないほどたくさんの量の水しぶきが飛び、髪の毛が落ちたままになっている光景が目に入ってきたのです。

当日、その化粧室を使用されたのは、研修に参加している方々のみ。このことを、残念に思わずにはいられなかったのです。

一人の慎み――自分だけになる場所でこそ、振る舞いに気をつける

小笠原流では、「一人の慎み」という教えがあります。

伝書には、

御湯殿　御手水　御心に御まかせ候事　第一の御恥なり

とあります。お風呂場、化粧室など一人になる場所においては、こころ任せの振る舞いは最も恥ずべきことであるから、常に気をつけなければならない、ということです。

ここにも記されているような、お風呂場においての心得は、是非海外の方にも身につけていただきたいと思います。

日本では、洗い場と浴槽が別々にありますが、まず浴槽に入る前に、洗い場で身体を洗います。特に温泉の大浴場では同様の心得が必要です。

大浴場など他者がいる場合、小さなタオルで身体を隠して、脱衣所から浴場に向かい、このタオルで身体を洗います。このタオルには身体の汚れがついていることが懸念されるので、浴槽にはつけません。

また、髪の毛がお湯につかると、髪の毛がお湯に浮かび不衛生の原因にもなりますので、シャワーキャップをかぶる、または、タオルで髪の毛を覆ってから浴槽に入ります。使用した桶や椅子はお湯で洗い流し、もとの状態にしておきます。

お風呂場を出る前には、タオルで簡単に身体を拭きます。そのようにしないと、バスマットや床が必要以上に濡れてしまうからです。

化粧室に関する心得と同じように、お風呂場に隣接した洗面台を使用するときには、水しぶきや髪の毛についての配慮を忘れないようにいたしましょう。

◇女性や老人、身体の不自由な方に対する、日本人の理解について、知っておくべきことはありますか

室町時代の伝書に感じられる、女性を重んじる考え

女性、年長者、身体の不自由な方を大切に思うこころは、世界共通であると思います。

日本においては、男尊女卑ということばがあるように、特に武士が活躍した時代には、男性上位に考えられていた風習があり、現代においても、特に年配の方のなかにはこの名残があることも否めません。

なぜかというと、女性が武士になることはできず、肉体的な面でも、男性のほうが女性よりも体力があるため、男性の社会的地位が上だったからです。

お酒に関する作法が説かれた小笠原流の伝書に、最も上位の人からお酒を請《う》けるときには、

いかにも慎みていただき（盃を）さて下を呑み候て　さて請くべし

とあります。

盃《さかずき》をいかにも丁重にいただく動作を行った後、下（相手の飲み残したもの）に口をつける動作をしてから、盃にお酒が注がれるという流れがありました。

清浄感を重んじる日本人が、相手の飲み残したものに口をつけるというのは、当時の衛生常識からしても決して気持ちのよいものではなかったはずですが、同じ盃でお酒を飲み、同じ茶碗でお茶を飲み、同じ釜で炊いたご飯をいただく連帯感のなかに、信頼の証を認め合っていたことが伝わってきます。

しかし、女性に対する作法は異なり、

女の盃に口をつけて呑むべからず。唯いただきてばかり呑むべし

と、女性が口をつけたものを飲むことはありませんでした。

江戸時代に比べて、室町時代のほうが、女性を重んじた考え方が根底にあったようにも思います。それを感じさせる伝書の箇所は次の通りです。

女はいかにも　こころやわらかにあるべし。そもそも日本国は和国とて女の治め侍るべき国なり

と、日本の歴史について、女性上位や女性が治めるべき国であると説明したうえで、

されば男女によるべからず。こころうかうかしからず。正直にたよりたしかならん人肝要たるべしと見えたり

と書かれています。

うわついていない、正直で頼りがいのある人ならば、男女の差は問題ないということが説かれており、鷹揚《おうよう》さが感じ取れます。

男性は直線の美、女性は曲線の美

父親が箸をつけるまでは子どもは箸をつけることはない、母親は父親と子どもが食事を終えてから食事をしていた、お風呂は父親が先に入るなど、昔はあらゆることに父親が優先的でした。

昨今のように母親も働く家庭が増え、社会的立場に差がなくなると、父親や男性を立てる気風が薄らいできたように思います。

しかし、私は、女性が男性を立てることをなくしたくはありません。

小笠原流では、男性は直線の美、女性は曲線の美といって、行動のうえでも美しさは異なります。体格が違うのですから当然です。

基本的には、男性のように女性が力仕事をすることは難しい。まず、この生まれながらの違いを認めることが欠かせません。

男性を立てて、女性は控える。これでは女性が劣っているようである、などと思うことはないのです。

自分の意見をしっかりと持ったうえで、男性を立てる。男性はその女性の優しさを尊ぶ。男女が互いにないものを認め、尊敬し合う社会になれば、それぞれが今以上の魅力を引き出すことが叶うのではないでしょうか。

こころの広さと女性としてのたおやかさを兼ね備える人こそ、魅力ある女性なのではないかと思えてなりません。

年配者、身体の不自由な人への心得

若い年齢の経営者はたくさんいらっしゃいます。自分の父親ほどの年齢の人を部下に持つこともあるでしょう。

室町時代にも、年上の部下を持つことはありました。そうしたときの心得が伝書に説かれています。

若き人　年寄りを押しのけ　御前などに差し出で候事　見憎う候間　我より下手の人な

りとも年寄りたるをば敬いたるが見よく候

封建時代、家の格で若い人が年配の人よりも身分が高かったとしても、年配者を押しのけて前に出ることは恥ずべき行為であり、年配者を敬うことが重んじられていました。

現代においては、電車やバスの中に優先席を設ける必要があること、優先席があるにもかかわらず、その席に健康な若者が座っている光景が増えていることなどから、年配の方、身体の不自由な方、身ごもっている方などに席を譲る思いやりが薄らいでいる危機感を覚えます。

伝書には、目の不自由な人に対する様々な心得も残されています。

たとえば、

座頭の茶をば　右にて座頭の手をとり　左にて渡すべし

という教えがあります。

目の不自由な方の右手を自分の右手で持ち、その手の上に自分の左手に持っている茶碗をのせる、ということです。

一般的にお茶を出す人は、利き手である右手を主に、お茶碗を出します。しかし、目が不自由な方が不安な気持ちにならず、且つ危険を防ぐためには、このような流れが好ましいわけです。

作法には、基本を踏まえたうえで、時・場所・状況によって臨機応変であること、すなわち柔軟さが求められるということが、この伝書の一節からもご理解いただけるかと思います。

いつの時代も、またどの国に生まれ育っても、幼い頃から周囲を気遣うこころを養うことが大切なのではないでしょうか。

第5章　和食の礼儀作法

◇お箸の練習はどうやってすればよいのでしょうか

お箸とペンの持ち方の共通点

外国の方にお箸の持ち方について聞かれたとき、どうなさっていますか。
じつは、お箸の持ち方とペンの持ち方に、共通点があることをご存じでしょうか。このことにお気づきになると、お箸のご指導は、案外簡単なのではないかと思います。

一方、中学校や高等学校で講義を行うたびに、そもそも、ペンの持ち方が間違っている生徒が増えていることが気になっています。また、大人でも誤った持ち方をしている方が少なくありません。

ペンは、親指、人差し指、中指の三本で持っていらっしゃいますか。
親指を立ててペンを持つ方がかなり多いようですが、この持ち方では、見た目の品性をも失いかねません。親指には力を入れず、親指が人差し指よりも上に出ないように注意いたし

ペンの持ち方

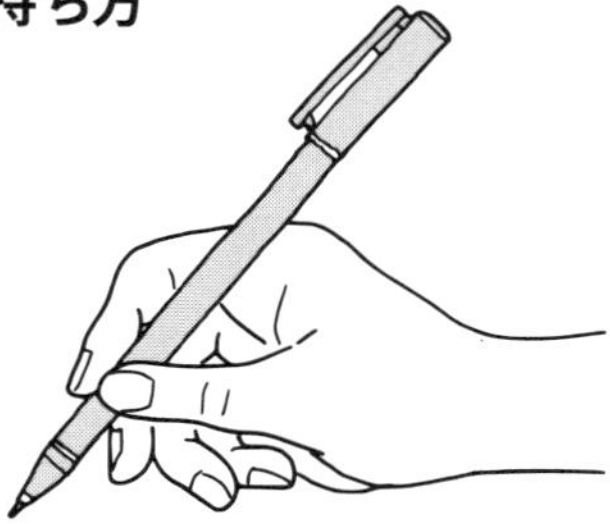

親指、人差し指、中指の三本で持ちます。親指には力を入れず、親指が人差し指よりも上に出ないようにします。

お箸の持ち方

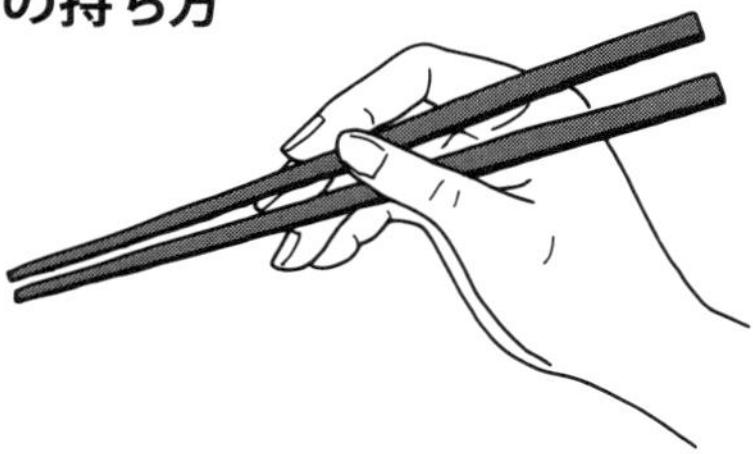

お箸の上一本は、ペンと同様に、人差し指と中指ではさみ、親指を添えます。もう一本は薬指で、下から支えます。

ましょう。

人差し指は指の腹を押し当て、中指の左側（右利きの場合。以下同）でペンを支えます。このように持つことで、無理に力を入れることなく、自然で美しい文字を書く基本が備わります。


なぜ冒頭で、お箸の話ではなくペンの持ち方についてご説明したのかというと、初めにも記しましたように、ペンの持ち方とお箸の持ち方の基本は同じだからです。ペンの持ち方を改めると、無理なく正しいお箸の持ち方ができるようになるはずです。

実際に、誤ったお箸遣いを改めたいと思った方が、まずペンの持ち方から直すようにしたところ、お箸遣いも改善することができたと伺ったことがあります。


お箸は自分に合った長さのものを選びましょう。親指と人差し指を直角に広げ、その両指の先を結んだ長さの一・五倍の長さが好ましい寸法で、持つ位置はお箸の先端から三分の二程度のところが目安です。

お箸の持ち方については、上のお箸はペンと同様に、人差し指の腹と中指の左側で持ち、親指を添えます。上のお箸を正しく持ったら、まず上下に自由に動かす練習をします。

その後、下のお箸は、薬指の先端と親指・人差し指の股部で固定します。動かすのは上のお箸のみ、下のお箸は固定したままです。上のお箸だけを動かすように練習してみましょう。

意外と知らない「お箸の取り上げ方、置き方」

次にお箸の取り上げ方と置き方について、ご紹介したいと思います。

〈お箸の取り上げ方〉

①右手でお箸の中ほどを取り上げ、すぐに左手をお箸の下から添えます。
②左手はお箸にそのまま添え、右手のみをお箸から離さないようになぞりながら箸頭（右側）へとすべらせ、そのままお箸の下にまわして中ほどから少し箸頭寄りまで移動します。すべて一連の動きで行います。
③その後、左手を外します。

お箸を置くときは、取るときの逆で行います。

お箸の取り上げ方

❶

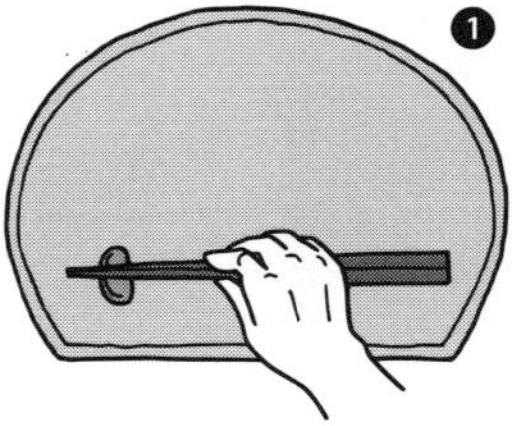

右手で上からお箸の中ほどを持ちます。

❷

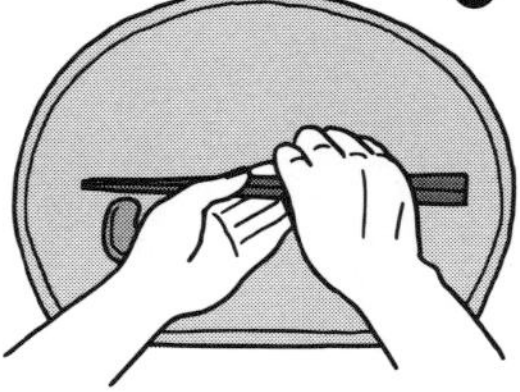

すぐに左手で下から支えます。

❸

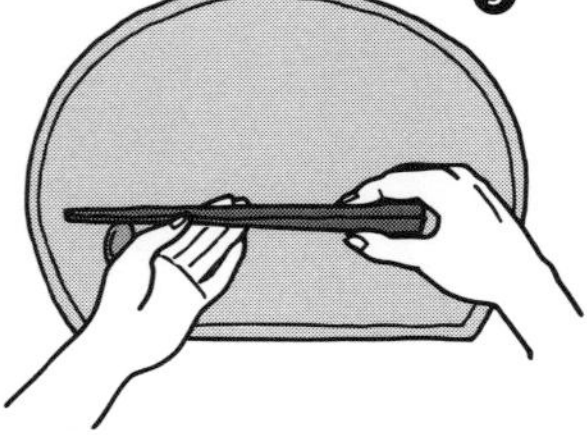

右手をお箸から離さないようにして、右側へすべらせます。

❹

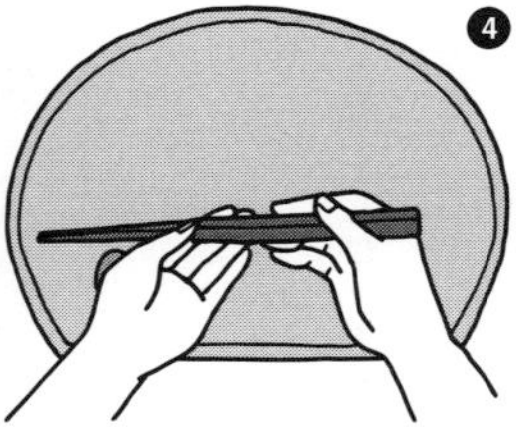

さらにお箸の下に右手を移動し、中ほどまで手を戻します。

❺

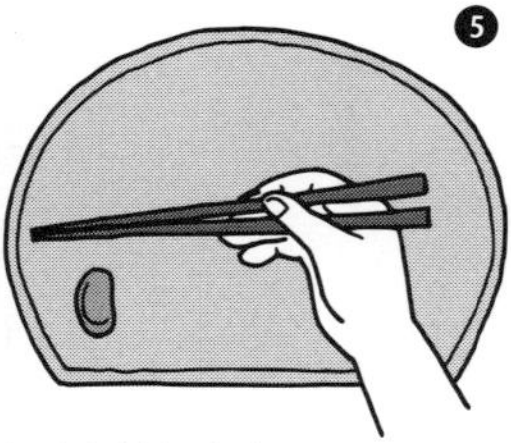

左手を外します。

お箸の置き方

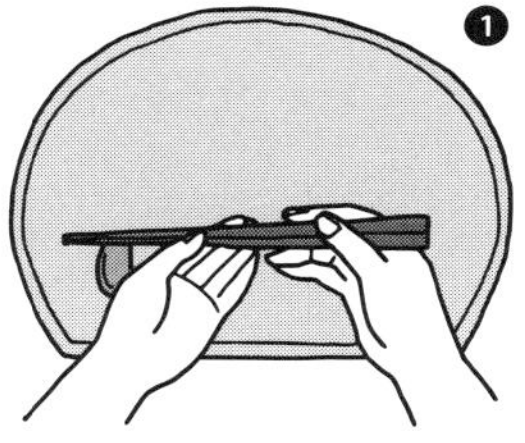

左手でお箸を下から支えます。

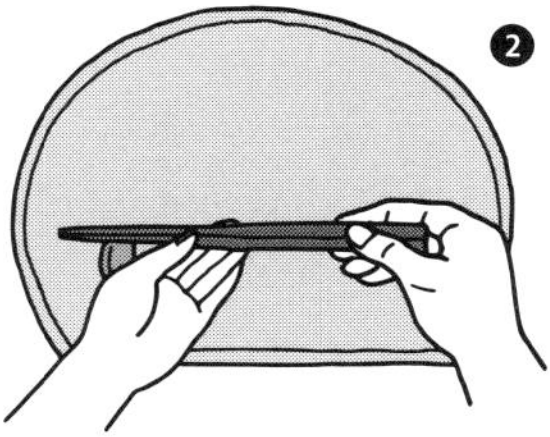

右手をお箸から離さないようにして、右側へすべらせます。

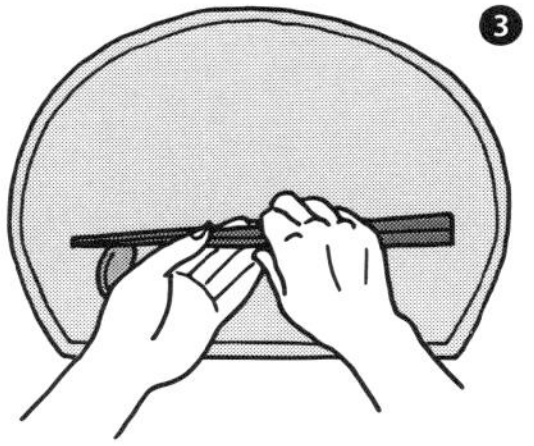

さらに右手をお箸の下から上に移動させます。

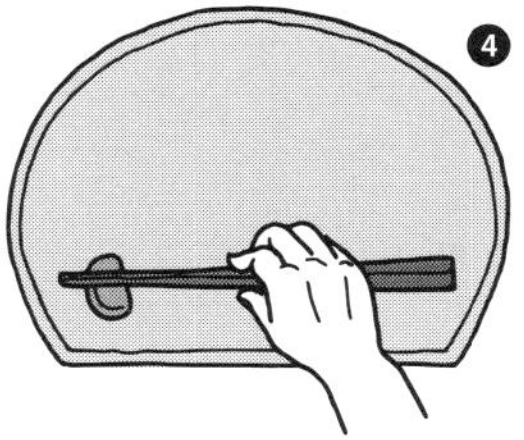

左手を離し、箸置きに置きます。

箸置きがない場合……………………………………………

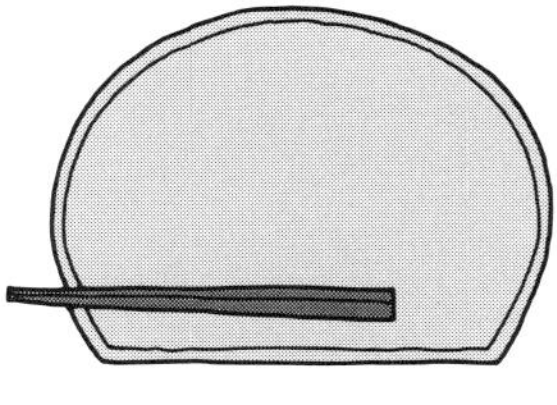

箸置きがない場合は、折敷の左端に箸先をかけて休めます。

〈お箸の置き方〉

①左手でお箸の中ほどを下から支えます。

②右手をお箸から離さないようになぞりながら箸頭へとすべらせ、お箸の上まで移動したら、さらに箸の中ほどまですべらせます。

③その後、左手を離して右手でお箸置きに置きます。

お箸置きがないときは、お膳があればお膳の左端にお箸の先をかけて休ませます。お膳もない場合は、お箸包みを千代包みにして、お箸置きの代わりにいたします。

慣れると美しい「お椀とお箸の取り方、置き方」

次にお椀とお箸の取り方と置き方です。

うっかり、お箸と器を両手で同時に取り上げてしまうことはありませんか。これを「諸起《もろお》こし」と呼び、嫌い箸のひとつでもあります。お箸と器は別々に取り上げます。詳細は次の通りです。

〈お椀とお箸の取り方〉

①お椀を右手で取り上げたら、すぐに左手でお椀の底を持ちます。
②右手をお椀から外し、お箸の中ほどを上から取ります。
③左手の中指を糸底《いとぞこ》（器の底の丸い部分）から少し離し、お箸を人差し指と中指の間にはさみます。
④右手をお箸から離さないようになぞりながら箸頭（右側）へとすべらせ、さらにお箸の下にまわして中ほどから少し箸頭寄りまで移動します。
⑤はさんだ左手の指からお箸を離します。

〈お椀とお箸の置き方〉

①お椀を持っている左手の中指を糸底から少し離し、指の隙間にお箸の中間あたりをはさみます。
②右手をお箸から離さないようになぞりながら箸頭へとすべらせ、お箸の上まで移動したら、さらに中ほどまですべらせます。

③お箸の中ほどを持って、お箸置きに置きます。
④両手でお椀をお膳に戻します。

正しいお箸の持ち方、取り方、置き方をしっかりと身につけてから、お椀を加えて練習すると無理がないかと思います。最初はぎこちなくても、日々の生活のなかで実践することが大切です。

今まで箸遣いに関して興味をお持ちにならなかった方も、是非、より美しい姿でお食事を召し上がってみてはいかがでしょう。

◇お箸にはどのような種類がありますか

お箸の持つ霊性

太古の昔、日本人は手づかみで食事をしていました。人々が食事の際にお箸を使いはじめる以前の、日本最古のお箸は、ピンセットのようなかたちをしており、祭器として神聖なものとされていたのです。

その後、二本で一対となってからも、神様が宿る神木からつくられるお箸は、一端を神様、一端を人間が使用すると考え、神饌とともに供えられるものでした。神に供えるお箸は、神が依《よ》りついて供物を召し上がる依代《よりしろ》と捉えられていたわけです。

人が使用すると、箸にはその人の霊が宿るとされていました。すなわち、お箸は「その人自身」ということです。

食事後、お箸を焼いたり折ったりする慣習があったのは、このようにお箸が神聖視されていたゆえです。

箸にはじまり箸に終わる

だからこそ、お箸を美しく扱うことが求められます。

「箸にはじまり箸に終わる」。これこそが、和食の作法でとても重要なこころがまえといえましょう。

箸遣いは、日頃の習慣や所作が出るものであり、箸遣いから、相手の人柄まで感じ取れることもあります。

日本では、スプーンやレンゲなど、ほかのものを一切使用せずに、お箸のみで食事を進めることから、箸遣いがより重要なのです。

手元箸には、次のような種類があります。

〈お箸の種類〉

柳箸：柳でつくられ、両端が丸くて細くなっており、祝い箸とも呼ばれる箸
利休箸：千利休が考案した、両端を細く削り中央をやや太くした箸
元禄箸：角を削り、割れ目に溝を入れている箸
天削箸：頭部を斜めに削っている箸
丁六：加工されていない割り箸

柳は折れにくく、「家内喜《やなぎ》」に通じます。檜《ひのき》は「日の木」ともいわれ、建材としても最高級品です。杉は防腐作用があり、杉の木は日本一樹高《じゅこう》が高いといわれます。桑は中風を治したり、予防できます。

このようなことから、お箸の材料には、柳、檜、杉、桑などの木材が好まれ、用いられて

きました。

また、清浄感を重んじ、お箸は一度だけ使用するという考えが基本です。これについては、自然環境保全の思想が広まっている欧米の方々には理解されにくいと思いますので、第1章（「清浄」の意識）をご覧のうえ、説明なさってはいかがでしょう。

たとえ高価な塗りや銀製などのお箸であっても、何度も使用できるものは略式とし、改まった食事の席では木製のお箸が望ましいのです。

こうした手元箸のほかに、「取り箸」があります。

懐石料理で使用される取り箸は、杉や竹のものが多いでしょう。竹製の箸は、節が上にあるものを天節《てんぶし》、中ほどにあるものを中節《なかぶし》といいますが、節のないものもあります。

割り箸であっても、和紙などで簡単に箸包みをつくって入れるだけで、趣が変わります。

カジュアルな場においても、お箸に関する清浄感を重要視する気持ちを忘れないようにいたしましょう。

◇お箸の作法で、してはいけないことを教えてください

たくさんある「嫌い箸」

「箸先五分、長くて一寸」といわれるように、他者に不快感を与えないために、お箸の先の使う部分を一・五センチから三センチ以内に留めておくことは、たとえカジュアルな場であったとしても、こころがけるべき心得です。

また好ましくないお箸遣いを、「嫌い箸」あるいは「忌み箸」「禁じ箸」ともいいます。

小笠原流には、

あれこれと思い定めずうろつくをまといの箸と嫌うものなり

という、嫌い箸に関する教え歌があります。

そのほかにも、

飯粒や菜など箸に付きたるを横にねぶるを横箸という

椀の中にある食べ物を箸持ちて探す箸こそ探り箸なり

などという教え歌も残っています。

次にあげる嫌い箸は、たとえ気の置けない友人との席においても避けるようにいたしましょう。

〈嫌い箸〉

涙箸　箸先から汁を垂らす

刺し箸　箸で食べ物を刺す

探り箸　上のものから食べずに料理の中身を探る

迷い箸　どれを食べようかと箸を宙に迷わせる

ねぶり箸　箸をなめる

寄せ箸　箸で器を引き寄せる

渡し箸　箸を器の上に渡して置く
渡し箸　箸から箸へとはさんだ食べ物を渡す。**拾い箸、合わせ箸**ともいう
指し箸　人やものを箸で指し示す
込み箸　食べ物を箸で口の中に押し込む
かき箸　茶碗を口にあてて箸で食べ物をかき込む
たたき箸　箸で器をたたく
ちぎり箸　箸を左右一本ずつ持って食べ物を裂く
握り箸　箸を手で握るように持つ
移り箸　おかずを食べた後に、ご飯を間に食べずに、別のおかずへと移る

これら以外にも、嫌い箸はいくつもあります。

たとえば、大皿から取り分ける際に、お箸の上下を逆にして使用することは避けるべき行為です。なぜなら、自分が手で持っていた部分でお料理を取ることになるため、清浄さに欠けてしまうからです。また、お料理を取り分けた後、その部分が汚れてしまい見た目も美しくありません。

お店で取り箸が添えられていない場合は、取り箸用に一膳持ってきていただくようにお願いしましょう。

この「上下逆にお箸を使用すること」は**「返し箸」**、または**「逆さ箸」**といわれ、嫌い箸のひとつです。

ちなみに、お箸を二本とはいわずに一膳というのは、給仕の際はお膳に二本一組のお箸をのせることに由来して「膳」を用いて数えられるようになったといわれています。

さて、割り箸は、どのように割っていらっしゃいますか。

割り箸を横に開くように割ると、隣りにいる人に対して危険です。自分の身体に割り箸を引き寄せ、縦にゆっくり割るようにいたしましょう。

割り箸が上手に割れなかったとき、割り箸のささくれを取るために、箸先同士をこすり合わせることも好ましくありません。どうしても気になる場合は、手で取り除きましょう。

お箸は多機能。脳の活性化にもよい

日本人は箸のみを使って食事をする、ということは前にも記しましたが、実際に箸の機能には、どのようなものがあるでしょう。

つまむ、はさむ、切る、運ぶ、押さえる、すくう、裂く、ほぐす、のせる、はがす、集める、巻く、混ぜる、つぶす。

このようなことがすべて、一膳のお箸でできるのです。お箸がいかに多機能で、便利な道具であるかということがわかります。

昨今では、家庭や学校給食において、フォークとスプーンで食事をする人が増えているとも聞きます。

しかし、箸を使用することは、じつは脳への刺激として大変効果的で、三歳から八歳くらいまでの子どもの脳の発達に、重要な影響を与えることがわかっています。

日本が経済成長を遂げてきた背景に、箸の使用が大きく貢献していたのではないか、とまでいわれるほどです。

神経細胞が集中している指先は、脳と直結しているので、指先をできるだけ使うことによって、脳が活性化されて脳の老化防止になり、長生きにも効果的、とも聞きます。

一方、日本は世界の長寿国ですが、平均寿命の伸びは頭打ちになってきていると考えられています。その理由として、お米、魚、豆類などをいただき、緑茶を飲むなどの、日本独特の脂肪分の少ない食生活が欧米化され、生活環境や生活習慣が変化していることがいわれています。

もちろん、フランス料理、イタリア料理、中華料理など、世界には素晴らしいお料理の数々があり、旅先で新たなジャンルのお料理と出会えることは大変楽しいことです。

また、日本でいただく和食以外のお料理には、各国のお料理に繊細な日本人の味覚や技術が加えられて、独自の素晴らしいお料理がつくり上げられていることも誇れることです。

このようなお料理の豊かさを楽しむとともに、大人は子どもが幼い頃から、正しいお箸遣いを身につけられる環境づくりをこころがける。そして年齢を重ねても、お箸を通じて指先を使う機会を増やし、健康維持のためにも積極的に和食を召し上がっていただきたいと思います。

さらには、和食やお箸、日本独特のお料理を楽しむことを、外国の方々にもすすめられてみてはいかがでしょう。

◇日本料理の種類について教えてください

魚、野菜、季節の素材そのものの味を楽しむ

外国人の方に、日本料理についてどのように説明なさっていますか。

日本では、古代には狩猟が行われ、肉が食されていたといわれますが、仏教伝来とともに肉食はさらに減少しました。神道でも肉食を嫌ったため、日本料理と肉の関わり合いは少なかったわけです。

また、日本は四季の変化がはっきりし、四方を海に囲まれ、魚や野菜が豊富です。それらの素材そのものの味を楽しむことができるお料理、それが日本料理といえます。

季節の移り変わりを食の世界でも表現し、器や盛りつけ、木の芽やゆずの皮などの吸い口、つま、あしらいといったものを添えて、細かいところにまでも季節を伝える役割を持たせています。

現在の日本料理は主に、本膳《ほんぜん》料理、会席《かいせき》料理、懐石《かいせき》料理、精進《しょうじん》料理に分けられます。

〈本膳料理〉

最も正式な日本料理の形式は、本膳料理です。本膳料理というのは、室町時代に整えられた饗応《きょうおう》料理で、一人分ずつ膳にのせてお料理が運ばれます。

本膳、二の膳、三の膳、さらにお料理の数が増えると、与《よ》の膳、五の膳と加えていきます。鎌倉時代には垸飯《おうばん》（椀飯、埦飯）という饗宴が広まりましたが、まだ現代の日本料理とはほど遠く、技術も深められていなかったようです。

話が脱線しますが、大盤振る舞いということばは、この垸飯に由来します。特にお正月の垸飯は、将軍に御家人が数々のお料理を捧げるものだったのです。

その後、室町時代になって、本膳料理が確立されます。本膳料理とは、平安時代に貴族に好まれ、中国の影響を受けて台盤《だいばん》と呼ばれるテーブルで食事をする大饗《だいきょう》料理の流れを汲んだ、儀式料理です。

式三献《しきさんこん》という盃事《さかずきごと》にはじまり、その後に本膳、二の膳、三の膳が供されます。「七五三本膳料理」といって、一の膳に七菜、二の膳に五菜、三の膳に三菜であったことが小笠原流の伝書にも記されています。七、五、三と陽の数、すなわち奇数が好まれ、四や二はないわけです。

ちなみに七五三膳に関しては、菜ではなくお膳の数を指すとすることもあるようです。この頃、平安時代の藤原山蔭《ふじわらのやまかげ》を祖とする四条《しじょう》流、その流れを引く大草《おおくさ》流、進士《しんし》流などの料理流派ができ、料理書もつくられるようになりました。

本膳には、ご飯、汁物、香の物、なます、平《ひら》（坪《つぼ》）がのります。一汁三菜とは、ご飯、汁物、香の物、なます（酢を基本として用いた和《あ》え物）、煮物、焼き物の三種類の菜（おかず）が基本です。お料理を増やす場合は、一汁二菜ずつ加えるため、二汁五菜、三汁七菜と足されます。

お膳が出されたら、すべての器の蓋を開けます。右側にあるものの蓋は右手、左側にあるものの蓋は左手で開けます。開けた蓋を重ねることはせずに、糸底を下に向けてお膳の外に置きます。

改まった席においては、ご飯、汁、ご飯、汁の実、ご飯の順でいただきます。その後はようやく菜に進むことができます。

菜に進んだ後も、かならずお料理とお料理の間にご飯をひと口いただきます。本膳の上には、左側にご飯、右側に汁、菜は奥に置かれます。

この置き方は、日常の食卓における食器の置き方に通じます。たとえば、ご飯は召し上がる方から見て手前左、お味噌汁は右、焼き魚は奥に置きます。

ちなみに、三の膳の焼き物は、お箸をつけることはありません。なぜなら、おみやげとして持ち帰るものだからです。

ここまでお伝えしたことはあくまでも基本であり、現代は、様々なお料理の出し方があります。

〈**懐石料理**〉

懐石料理というのは、昔の禅僧が、朝と昼の一日二食だったため、夜は布で巻いて焼いた石を懐に抱いて空腹をしのいだということに端を発する、お腹を温める程度の軽い食事のことです。茶席でお茶をいただく前にとる食事です。

村田珠光《じゅこう》は、一休宗純《そうじゅん》のもとで禅の修行をし、わび茶という理念をつくり上げます。珠光の門人であった武野《たけの》紹鷗《じょうおう》は千利休に影響を与え、利休はわび茶を大成し、茶の湯と料理を組み合わせた懐石料理を確立しました。

懐石料理は会席料理と同様に「かいせき」と発音することもあり、この二つが混同されないよう、茶懐石と呼ばれることがあります。

懐石料理は一汁三菜が基本で、まずご飯、汁、向付《むこうづけ》（なますや刺身）が折敷（四角で周囲に低いふちがついたもの）にのせて出されます。ご飯と汁をいただき終えると、お酒と盃が出されますので、お酒をいただいてから向付に箸をつけましょう。

ご飯、汁のおかわりの後は、椀盛り（煮物椀）、焼き物、強肴《しいざかな》（進肴《すすめざかな》、預鉢《あずけばち》などともいい、たきあわせ、和え物、酢の物など）、箸洗い（箸と口を清めるための小吸い物）、八寸《はっすん》（お酒の肴で海のものと山のもの）、最後に湯桶と香の物が出され、いただき終えたら、ご飯茶碗と汁椀、向付の器、お箸を、懐紙で拭《ぬぐ》って蓋を閉めます。

正客《しょうきゃく》（茶会における最上位の客）に合わせて、折敷の右側にお箸が出るように、かけていたお箸（つまり箸先は折敷の内側）を折敷の中に落とし、その音によって主人は折敷を下げにいきます。

懐石料理は、お茶をおいしく頂戴できるようにと考えて組み立てられています。正式な茶会においては、お料理をいただいた後は、濃茶《こいちゃ》、薄茶《うすちゃ》の順に出されます。

濃茶は練ることが特徴であり、ひとつのお茶碗に人数分のお茶が点《た》てられたものを順にまわしていただきます。濃茶の前には、ねりきりやおまんじゅうなどの生菓子が出されます。薄茶はさっぱりした味わいがあり、細かく泡だっていることが特徴です。濃茶とは異なり、各自に別のお茶碗に点てて振る舞われます。「おうす」とも呼ばれます。薄茶の前には、落《らく》雁《がん》や有平糖《あるへいとう》などの干菓子《ひがし》、あるいは生菓子が出されることもあります。

濃茶、薄茶ともに、茶席では流派によって細かな心得がありますが、初心者の方は周囲の方の所作を参考になさるなど、無理はせず、わからないことは素直に教えていただく気持ちが大切です。

茶会での装いに関して、日本の方でも自信がないというお声を伺うことがありますが、海外の方々には次のように伝えていただきたいと思います。

女性は着物でない場合、正座をする際に、膝が隠れる丈のスカートを選ばれるとよいでしょう。パンツは膝が圧迫され、しびれの原因にもなります。

同様の理由から、男性は、タイトなデザインや膝が出やすい生地のパンツは避けたほうがよいです。

いずれにしても、派手ではなく控えめに、品格を重んじた服装をこころがけます。

また茶会にかぎったことではありませんが、茶器や器を傷つけてしまうことがないよう、指輪や時計を外す、香水をつけないという配慮も必要です。

なお、茶会での懐石料理は、空腹をしのぐ程度、あくまでもお茶を楽しむためのものですので、通常の日本料理店においての懐石料理とは異なることがおわかりいただけたかと思います。

日本料理店で懐石料理と呼ばれるものは、お料理が一品ずつ出される形式を指していることが基本です。


〈会席料理〉


本膳料理が簡略化された、酒宴向きのお料理を、会席料理と呼びます。

会席料理は、江戸時代中期、俳諧《はいかい》の席において出されたお料理で、くつろいでお料理を楽しみたいということから生まれました。

したがって、最初からすべてのお料理が並べられている、冷めてもよいものだけが並べられている、一品ずつ出されるなど、会席料理には定められた形式はありません。

お酒が先に出されることも、懐石料理とは異なる点です。お料理とお酒をいただき、ご飯と汁は最後に出されます。

では、一般的な会席料理の献立をご紹介いたしましょう。まず前菜（突き出し、お通し、先付け）。お料理が出る前のお酒の肴です。

次にお吸い物。前菜やお酒の味をさっぱりさせ、胃腸の働きを高めるともいわれています。旬の魚や野菜の具、木の芽や山椒《さんしょう》などの薬味とともに、熱めのおだしが入っていると、蓋を開けた瞬間に、季節の香りが漂います。

続いてお刺身。お刺身には大根などのつまが添えられています。特に何種類かのお刺身が盛ってある場合には、お刺身とお刺身の間につまをいただくと、口の中をすっきりとさせられます。あるいはお刺身と一緒にいただいてもよいものです。

わさびはおしょうゆに溶いてもよいですが、直接お刺身にのせていただくと、見た目も美しく、わさびの香りも楽しめます。おしょうゆ皿は涙箸にならないよう、左手で持っていただきましょう。

焼き物は、尾頭《おかしら》付きや切り身の魚、貝、えびなどを焼いたもの、あるいは牛肉、鴨肉などの肉類も焼き物として出されることがあります。

煮物（たき合わせ）は、蓋付の煮物椀と呼ばれる器に入っている場合が多いでしょう。夏は涼しげに冷やした煮物が出されることもあります。

揚げ物も、旬の野菜や魚などの素材が用いられ、つけ汁やつけ塩などにも様々な趣向が見られます。お刺身のおしょうゆ皿と同様に、つけ汁の入った器は左手に持っていただくとよいです。

蒸し物は、茶碗蒸し、酒蒸し、かぶら蒸しなどで、土瓶《どびん》蒸しはお吸い物として出されることがあります。お箸で中の具を探ったり、添えられているスプーンでかき混ぜたりしないように注意しましょう。

お料理の最後に出される酢の物は、口の中をさっぱりとさせる役目もあります。会席料理では後半に出されることが多いですが、酢の物は食欲を促すため、前菜として出されることもあります。酢の物も涙箸になりやすいので、器を左手に持つとよいです。

酢の物の後は、ご飯、留椀《とめわん》（止椀）、香の物をいただきます。ご飯は季節の食材が用いられた炊き込みご飯、雑炊、お茶漬け、その他、ご飯の代わりとしてうどんやそばが用意されることもあります。

水菓子（果物）、続いて和菓子や洋菓子風のデザートが出されることも珍しくありません。果物の皮や種は懐紙に包むとよいですが、懐紙を持参していない場合は、お皿の上に一箇所にまとめておきましょう。

〈精進料理〉

精進料理とはどのようなものかをご存じですか。

野菜、海草、穀物でつくられ、魚や肉は全く用いない精進料理は、鎌倉時代に臨済宗の開祖である栄西禅師、曹洞宗の開祖である道元禅師によって伝えられたといわれています。寺院での食事や、通夜などの仏事の席において出されることがあります。

仏教において精進料理が取り入れられたことについては、殺生《せっしょう》のみならず、選《え》り好みをして偏《かたよ》ることがないように、あくまでも日常生活に必要な栄養をとる程度の食事をするという、美食を戒《いまし》めることも理由にあげられます。

僧侶にとっては料理をつくることも修行であるとされ、着席すると全員で合掌し、会話はせずにいただきます。料理を残すことも避けます。すべては感謝のこころから発するものです。

また、江戸時代に、禅宗のひとつである黄檗宗《おうばくしゅう》とともに伝わった普茶《ふちゃ》料理は、中国式の精進料理です。料理が大皿に盛られて出され、それを各自でお皿に取っていただく形式ですが、日本においては銘々膳《めいめいぜん》で食事をすることが基本であったために、珍しいものでした。動物性の材料に味わいを近づけるために、植物油や味噌などを用いて濃厚に味付けをしたことも、人々の興味をそそったようです。

このように、精進料理は、小麦粉や大豆なども用いながら、独自の料理の世界を築き上げたわけですが、鎌倉時代以降の料理に対しても、大きな影響を与えたといえましょう。また京都、奈良、鎌倉などの各寺院のほかに、精進料理を専門とする料理店は全国にあります。

ところで、精進には、修行に励む、決まった期間行いを慎み心身を清めて信仰に励む、ひとつのことに集中して勤める、肉類をやめて菜食にする、というように、様々な意味があります。

ただ食事をするのではなく、食事の時を「こころを磨く場」として大切に過ごすことは、精進料理にかぎらず忘れてはならないのではないでしょうか。

◇ご飯はひと口残したほうがよいのですか

ひと口残すことによるこころ遣い

ご年配の方々が、会食の席で、「年を重ねて、夜遅くにたくさんいただくことは、身体によくないとは思いつつ、昔は『お百姓さんに申し訳ないからご飯は残さずいただかなければ罰《ばち》があたる』と両親にしつけられたので、今でもお料理を残すことができない」とおっしゃっていたことが印象に残っています。

アレルギー体質の方もいらっしゃいますので、必ずしもすべてをいただかなければならないとはいえません。

ただし、状況が許されるのならば、事前に苦手な食材をお店にお伝えする、あるいはビュッフェ形式の場合は残さずにいただくことのできる量だけを取る、などの工夫をして、無理のない範囲でできる限り、同席する方やつくってくださった方に失礼のないよう、出されたものは残さずいただくこころがけは忘れたくないものです。

ところで、「ご飯をひと口残すことが作法なのですか」と質問を受けることがあります。なぜ、ひと口残すことが求められるのでしょうか。

自分がもてなす側になって考えると、相手から「おかわりを頂戴できますか」と尋ねられる前に、お客様のお茶碗にあとひと口分程度残っているタイミングで、「おかわりはいかがですか」と伺うほうが好ましいものです。

ひと口分が残っていることで、まだ食事が続いていることを示していると捉え、相手から所望《しょもう》される前におかわりをお持ちする気持ちを、ことばでお伝えする。それは、もてなす側のこころ遣いです。

すべていただいてしまうと、もてなす側がおかわりへの配慮を怠《おこた》ったことを表すとも考えられます。

またご飯を残すことは、十分な量を用意してくださったことへの感謝の気持ちを表現している、といわれることもあるようです。他国にも、同様の理由から残すほうが好ましいとする心得が存在します。

おかわりは、受け取ってすぐに口にしない

さらに、次のような理由もあるようです。

亡くなった人に供えるご飯を一膳飯《いちぜんめし》（枕飯《まくらめし》）といいます。これは高く盛ったご飯にお箸を中央に立てたものです。

ご飯を一膳だけいただくのは、嫁入りの日のような最後の別れのときであり、また「一膳飯」の一膳から死者との永遠の別れを連想させるということから、日常の食事においてはひと口分だけでもおかわりをして、二膳いただくことをよしとされました。

その際、すべてをいただいてからおかわり、とすると、前述のように、もてなす側の配慮が足りないということにもなってしまうので、ひと口ご飯を残す。また、ひと口残すことが相手との縁をつなぐ、ともされていたようです。

しかしながら、昨今、一膳のみいただくことは縁起が悪い、おかわりをお願いすることは卑《いや》しいなどと考える人は、明らかに減少しています。世界では満足な食事ができていない人が八億人以上いるといわれる現代において、少しの量でも食事を残すことは、やはり好ましいとはいえません。

ご飯にかぎったことではありませんが、前述のように、出されたものはできる限り残さずいただくほうがよいと思いますので、茶懐石のときなどは例外として、ご飯はひと口残さなくてもよいでしょう。

ただし、おかわりを受け取った後、すぐに口にすることは避けます。

なぜなら、これは「うけ食い」といって、食べたい気持ちを前面に出している、慎みに欠ける行動だからです。

受け取った後は、いったん膳やテーブルに置き、それからいただきましょう。

◇和食に関することで知っておいたほうがよい作法や心得はありますか

アクセサリー、香水などはつけない

ほかにも、食事をすすめる際に気をつけることがあります。

まず、ものを大切に扱うことは、その場に同席している人やもてなす側へのこころ遣いにも繋がります。それゆえ、器を重ねることは避けます。

また、茶席にかぎらず、特に大振りの指輪や長めのネックレスなどによって器を傷つけることがないよう、あらかじめアクセサリーを外しておくこころ遣いを忘れないようにいたし

ましょう。

さらに、繊細なだしの香りや味わいを損なうので、香水の類をつけていくことも望ましくありません。

だしといえば、こんぶやかつお節。こんぶに含まれるグルタミン酸、かつお節や煮干に含まれるイノシン酸、干し椎茸《しいたけ》に含まれるグアニル酸などからうまみがつくられ、さらにこれらを合わせることによってうまみが増します。

一番だしとは、鍋に水を入れ、その中でこんぶを二、三時間浸《ひた》しておいたものを火にかけ、沸騰前にこんぶを取り出してからかつお節を入れてすぐに火を止めて濾《こ》した、瞬間のうまみを引き出した透明感のあるだしです。

二番だしとは、一番だしで用いたこんぶとかつお節を、弱火でゆっくりと煮出して、材料に残されたうまみを出したもので、味噌汁や煮物などに適しています。

目で楽しみ、食材や調理法に興味を持つ

日本料理は、季節の魚や野菜を用いながら、食材の味を引き出すように調理されますが、

見た目にも季節感を重んじます。色は青（緑）、赤、黄色、白、黒（紫）の五色を基本とし、食材の切り方や盛り付けにも工夫がなされます。

そのようにこころを込めてつくられたお料理を、感謝する気持ちで頂戴することが最も大切な心得です。したがって、出されたお料理を目でも楽しみ、食材や調理方法などに興味を抱くゆとりも必要ではないかと思います。

たとえば、皮付きのそら豆が前菜の盛り合わせのひとつとして出されたといたしましょう。目にも鮮やかな緑にゆでられたそら豆から、初夏の香りを楽しむことができます。いただく段階においては、皮がむきやすいようにと包丁で切れ目が入っていると、調理してくださった方のこころ遣いを感じます。

豆を半分ほど皮から押し出して口元へ運び、さらに豆を押し出しながら口の中に入れます。このようなとき、懐紙で口元を覆《おお》いながらいただくと、見た目に美しいものです。

皮は懐紙で包んでおくとよいのですが、懐紙を持参していない場合は、一箇所にまとめておきます。

焼き魚やえび、いかのいただき方

尾頭付きの焼き魚は、ひれを取り、背の部分からお箸を入れ、頭から尾に向かってほぐしながらいただきます。背の側をいただき終えたら、腹の側を頭から尾に向けていただきます。その後、裏側の身をいただく際には、魚を裏返すことは避けましょう。頭を左手で押さえ、お箸で中骨を尾のほうから浮かせるようにして外し、同席者から遠い位置に骨を置きます。お箸で中骨を外すことが難しい場合は、手を用いてもかまいません。

鮎の姿焼きは、胸びれを取り、身を起こして背びれを取り、左手で押さえ、頭から尾に向かってお箸で背を数回押さえます。こうすることによって、骨と身が離れやすくなります。尾と頭部を取ったら、お箸で胴を押さえ、中骨を抜きます。骨は尾頭付きの焼き魚同様、同席者から遠い手前に置きます。

その後、たで酢につけていただくときは、たで酢の入った小皿は左手で持ちます。骨が口に入ってしまったときは、懐紙を持っていれば口元を覆いながら箸で取り、懐紙がない場合は、左手で口元を隠して取り、骨はお皿の端に置きます。

えびが殻つきで出された場合、お箸で殻をむくことは困難です。そのようなときは、無理をせずに手で殻をむいてかまいません。ただし、外したえびの頭と殻はお皿の端、同席者から遠い側に置き、えびの身はいったんお皿に戻し、おしぼりや懐紙などで手を拭いた後、お箸を用いていただくようにいたしましょう。

えびやいかなど、お箸で切りにくいものは、歯で噛み切ってもよいのですが、噛み切るときは、魚の骨が口に入ってしまったときと同様に、懐紙または左手で口元を隠します。

いかの天ぷらなど、歯形が目立ちやすいものは、歯形が残らないように左右もいただき、なるべく断面がまっすぐになるようにこころがけます。

お箸で切れず、ひと口でいただけないものに関して、かじりかけを器に戻すことは基本的に望ましくありませんので、数回に分けていただきます。

左手を受け皿にしない

さて、涙箸にならないよう、おしょうゆ皿などの小皿や酢の物、煮物など、手に取っても無理のない大きさの器に入っているものは、器を持っていただくほうがよいと記しました。

また受け皿として、器の蓋を用いる、あるいは懐紙を受け皿代わりにすることはよいのですが、左手を受け皿のように、手のひらを上に向けて顔の下から添えることは、品格を損ないます。この動作をしないように気をつけるだけでも、印象がよくなりますので、是非こころがけていただきたいと思います。

おかわりやデザートをすすめられる際、お腹がいっぱいでこれ以上いただけないということもあります。

そのようなときに、「お腹がいっぱいです」とお断りするのは、相手の好意を受け止め、感謝している表現とはいえません。

「ありがとうございます。十分に頂戴いたしました」とお伝えすると、洗練された印象に聞こえるでしょう。

楊枝の心得

品格に関わることとして、もうひとつあげられることは、楊枝《ようじ》に関する心得です。

食事が終わると、お店の方が楊枝入れを目の前に置いてくださることもあります。和食は野菜や魚が中心ですので、食べ物が歯と歯の間にはさまりやすいのですが、食事の席で楊枝を用いることは本来好ましくありません。しかしながら、食べ物がはさまってしまったら気になることも理解できます。

そこで、どうしても楊枝を使いたい場合は、口元を手で覆いましょう。

なかなかはさまったものが取れないからといって、いつまでも楊枝を口に入れていることは、周りの人に不快感を与える要因になりかねません。すぐに取ることが難しいときは、化粧室へ行くほうがよいと思います。

また、たとえ一人で食事をしているときであっても、周囲の人に楊枝を使っている姿をあからさまに見せることは避ける。それが他者への思いやりなのではないでしょうか。


周囲へのこころ遣いといえば、食事後に、席についたままで、ハンドバッグからコンパクトと口紅を取り出してお化粧直しをする人が圧倒的に増えましたが、たとえうつむいて口紅を塗るだけだとしても、人前でお化粧をすることは慎みと配慮に欠け、海外においても好ましくありません。

化粧室に行くという行動を省略するのではなく、そのひとつの過程を面倒がらないことが、品格を保つと心得ましょう。

麺類は音を立てる必要はない

湯茶飲むは鼻にて息をするがよし　口音立てずよそ目せぬもの

と小笠原流の教え歌にあるように、汁物やお茶をすする音、咀嚼《そしゃく》音、器を置くときの音、もちろん話す声の音量を含めて、「音」が人の不快感を生む原因になり得ることを十分に理解し、できる限り不必要な音を出さないように努めるこころがけも、食事の席では重要です。

日本において、「おそばは音を立てていただかなければ美味しくない」という方もいらっしゃるのですが、私は幼い頃から、麺類をいただくときは、全く音を立てずにいただくように教わりましたので、麺をすするときに大きな音を立てることに異和感を覚えます。

音を立てずとも十分、おそばの味を堪能《たんのう》することはできます。

すする文化のない海外の方にとって、おそばをいただく際に無理に音を立てる必要はないことを、是非お伝えください。

麺を優雅にいただくポイントは、すする音ではなく、おそばを途中でかみ切ることがないように、ひと口分ずつ箸でとることなのです。

食事の席で特別なこころがけが求められるわけではありません。

一緒に食事をすると楽しい、そう思っていただける人を目指して、今までよりも少しだけ、周囲を慮る気持ちをかたちに表すことが、己にとっても、心地よい空間で過ごすために必要なのではないでしょうか。

第6章　日本人の格好

◇和服について詳しく教えてください

和服の変遷

和服とは日本（和）の服ということ。明治時代に西洋の衣服（洋服）が伝わり、日本に古くからある服と洋服を区別するために、和服ということばが生まれました。

和服は時に、同義語として「着物」と呼ばれることがあります。ただし着物は、羽織、襦《じゅ》袢《ばん》、コートなどを除く、長着《ながぎ》のみを指すことが多いものです。

和服の歴史をさかのぼってみましょう。

縄文時代には、暑さ寒さから身体を守る程度の衣服であったものが、弥生時代になると、男性は横幅《よこはば》という一枚の布を胴に巻きつけるだけのもの、女性は今でいうポンチョのようなかたちの、布の中心に穴を開けて頭を通す貫頭衣《かんとうい》というものを着ていたことが『魏志倭人《ぎしわじん》伝《でん》』に出ています。

この頃の日本では、まだ衣服の素材に乏《とぼ》しかったのですが、中国から養蚕が伝わると、それまで麻が基本であった衣服の素材に、絹が加わります。絹は高価だったために、貴族社会で普及し、庶民は耐久性もあり手に入りやすい素材の麻を用いました。

古墳時代、さらに飛鳥・奈良時代になると、中国の影響を受けて、筒袖《つつそで》（たもとのない筒型の袖）から広袖《ひろそで》（袖口が大きく開いた、下を縫い合わせない袖）に変化していきます。

平安時代は寒かったこともあり、十二単《じゅうにひとえ》と呼ばれるものが出現します。十二単とは、女官の装束で、男性の束帯《そくたい》に相当する正装です。単《ひとえ》の衣《きぬ》に袿《うちき》の衣を重ねてつけた「重《かさ》ね袿《うちき》」と呼ばれる装束様式のひとつの名称が十二単です。

宮中の女房（高位女官）たちの間で唐衣裳《からぎぬも》をつけた十二単の姿ができましたが、唐衣裳以外の袿の数は決まっておらず、儀式には十五、あるいは二十も重ねることがあったともいいます。

平安時代末期から鎌倉時代にかけて、重ね袿の数は五枚と定まり、これを五衣《いつつぎぬ》と称しました。

十二単は俗称であり、近世にはこの袿姿に、裳《も》と唐衣《からぎぬ》を重ねた服装が十二単と呼ばれるようになったともいわれています。

現代において、十二単衣の正式名称は五衣唐衣裳《いつつぎぬからぎぬも》です。

ご参考までに、五衣唐衣裳の全体の構成は、唐衣、表着《うわぎ》、打衣《うちぎぬ》、五衣、単衣《ひとえ》、長袴《ながばかま》、裳、から成り、髪は大垂髪《おすべらかし》という下げ髪が基本です。

着物の変化、進化

鎌倉・室町時代、男性は直垂《ひたたれ》、女性は衣袴《きぬばかま》が中心でした。武士の間では動きやすさが重視され、公家社会では襯衣《はだぎ》とされていた小袖が、武士により表着として用いられるようになりました。小袖とは、袖口を小さく縫いつめて小型の袖にした着物です。小袖や帯の変化により、女性の正装は打掛《うちかけ》姿や腰巻姿などへと変化していきます。

江戸時代になると、庶民にも小袖が普及します。江戸中期には友禅染ができ、華やかなものが増えました。この頃には小袖のかたちがほっそりとしたものになり、袖幅が広くなりました。

町人が経済的に豊かになると、華やかで贅沢な小袖がつくり出されるのですが、幕府は奢侈《しゃし》（贅沢）禁止令によって、様々な規制を設けてこれを抑えようとしました。それにより、渋くて粋なもの、絣《かすり》や縞《しま》などが流行《はや》ったようです。

明治時代になると、海外からの文化が取り入れられ、絹の生産量が増え、和洋折衷が装いにも見られるようになりました。着物は古典柄だけでなく、写実的な模様のものも流行りました。

この写実的模様は、アール・ヌーヴォー（十九世紀末から二十世紀はじめにヨーロッパ各国の建築、工芸、絵画などの芸術で流行した様式。花や植物などをモチーフに使った）の影響があるといわれています。またアール・ヌーヴォーは、日本の浮世絵の影響を受けていると考えられている点も面白いものです。

明治・大正時代に女学生の間で袴《はかま》が流行ったのは、椅子の生活となり、学校で授業を受ける際に、着物では裾《すそ》が乱れるので男袴をはくこととなったからです。しかしこれも明治十六年には廃止されます。

その後、華族女学校（女子学習院の前身）では、行灯袴《あんどんばかま》（スカート型の袴）で海老茶《えびちゃ》色の袴がはかれました。全国の女学校もこれに習い、海老茶式部と呼ばれる、海老茶色や紫の袴がはかれるようになり、これが現代の卒業式に見られる袴姿の由来といえましょう。

大正三年生まれの祖母は、女子学習院を卒業していますが、学生時代の写真にはセーラー服や洋装で写っているものがあります。ただし、家族揃っての正装の場においては、着物が圧倒的に多いように思います。

余談になりますが、当時の華族の方々は、家庭において代々に伝わる古文書や美術品を通して日本文化への理解を深める一方、西洋文化を学んで一般の方々へ普及することをひとつの務めと考え、学習院では語学教育にも力が入れられていたなどという話を祖母から聞いたことがあります。

足袋は革か麻だった

ところで和服には必須の足袋ですが、なぜ足袋を履くようになったかをご存じですか。

足袋の出現は奈良時代ともいわれますが、武士が戦いの場において、わらじ紐で足がすれないようにと、足を保護するために履くようになり、革か麻でつくられるものがほとんどであったといわれます。そのため「単皮《たび》」という字があてられていたようです。

また足袋の多くは、色染め、または模様があり、武士は切腹の際に白の足袋を履く、ともされていました。

歴代の将軍は木綿の足袋を履いていたようですが、綿は大変高価なものでした。

江戸時代においても、革足袋が多かったところ、明暦の江戸大火（１６５７年）後の革不足と価格の急騰がきっかけとなり、その頃には綿が生産されるようになっていたために、綿足袋へと移行しました。

男性の間では紺や黒の足袋が流行ったようです。現代において、改まった場での男性の足袋は白ですが、そのほかでは黒、紺、茶などが履かれています。


四季の移り変わりのなかで、湿気があり蒸し暑い夏、乾燥して寒い冬など、季節に合わせて快適に過ごすために、着物は改善を重ねてきました。着物の折りたたんだ筋目を「折り目」といいますが、時には着物のたたみ方だけでなく、「折り目正しい」というように、こころのゆとりや誠実さをも、このことばを通じて表現してきました。

ことばといえば、「躾《しつけ》」も、着物の仕立てがくるわないようにするためのしつけ糸から転じています。身体が美しいという意味を表す「躾」の文字は、見た目だけでなく、こころも整っていることを示しているように感じます。

簡単ではありますが、和服に関する歴史的な流れを少しでもご理解いただくことによって、和服を着用したことのない外国の方も、着物や帯などを手に取ってみたいと興味をお持ちになるきっかけとなれば嬉しく存じます。

次に、着付けや「身だしなみ」についても、触れていきたいと思います。

◇着付けと身だしなみについて、大切なことは何ですか

品格を損なわない自然な胸元をつくる

日本の装い全般に共通することですが、自然でありながら、品格を失わないようにと努めるこころがけが大切です。

第一印象のうち、目から入る要素は半分以上の比率を占めるといわれますが、清潔感を重んじる日本人は、見た目による印象をかなり重要視するといっても過言ではありません。

人は対面する相手と目を合わせて話をしようとする際、よほど目を凝視しない限り、相手の胸元あたりまでが視野に入ります。ということは、胸元の印象も注意しなければならないわけです。

御小袖引き合わせの事。御襟にこころをとめ候はねば　いかに美しき襟つきにても見苦しきものなり。御胸の合わせ目　水ばしりに　いとやわらかに御召し候え

と小笠原流の伝書にあります。

水が走るような自然な襟の合わせ目、すなわち違和感のない胸元をつくることは、現代の洋装にも通じる心得です。

着物の襟をいじって必要以上に衣紋《えもん》を抜く（襟の後ろを引き下げること）と品格を損ない、だからといって襟が詰まりすぎることも不自然で好ましくありません。シャツのボタンをひとつ留めるかどうかで、印象が全く異なることと同じです。

ただ常の如く着候わんがよく候

という教えのように、不自然さを感じさせないように衣服を着ることが理想的です。

おしゃれを楽しむこころ、シンプルさを重んじる教え

また質実剛健をよしとする武家社会では、目立つ装いを避けていましたが、そのなかでも楽しみは忘れませんでした。

たとえば、

年寄りたる人　すき素襖《すおう》に紅梅など着られ候こと　さも候

年配の人が紅梅色の肌着を、透けた地の素襖の下に着るのは、しゃれたこととしていたのです。

とはいえ、このように年配の人にかぎっているところがポイントで、若く見られたいからといって派手に装うことは、結局似合わないのだから、少し落ち着いた色の着物を選ぶほうがよい、という教えも残されています。

シンプルさが重んじられる装いは、男女ともに大切です。装いに対する潔い考え方は、別の古文書の一節からも読み取ることができます。

帷子《かたびら》の事。辻が花　はくなどは女房　児など　若衆などは苦しからず候が　年たけたる男は然るべからず候。ただ男は若きも老いたるも白帷子が似合い候

派手な辻が花染め、金箔銀箔を用いたものは、女性、子ども、若者にはよいが、一人前の男性が着るものではなく、シンプルな白の帷子が最も似合うといっています。内から醸し出される魅力があれば、装飾に頼る必要がないということ。この教えも洋装に通じます。

裾と帯、丈の心得

着付けに関しては、何といっても襟元が重要ですが、それだけでは美しい装いは完成しません。着物の裾は短いほうが、階段を昇り降りする際にも足さばきが楽と思われがちですが、それにより足首と足袋の境目の肌が見えてしまうと品性に欠けますので、裾の長さにも気をつけます。

草履《ぞうり》を履いた状態のままでいる場合は、裾が床に少しつく程度に着るとよいでしょう。草履を外して部屋に上がることがある場合は、裾が長いと足で踏みつけてしまう危険性があるので、床よりも少し短い程度にします。

いずれにしても、裾は少々すぼめます。裾が下がってこないよう、腰紐だけはしっかり締めます。

おはしょりは、短いとバランスが悪く、長いと子どもっぽい印象に映ります。目安としては、帯から人差し指一本程度の長さを目安に、もたつきやしわがないように仕上げます。

帯はきつく結ぶと辛く苦しいものですが、ゆるすぎるとだらしない雰囲気になってしまいます。何度か着ていくうちに、どの程度に締めるとよいかの加減がわかってくるはずです。着物を着慣れないと、帯揚《おびあ》げが最初の位置よりも浮いて上がってきてしまっても気づきにくいようですが、帯揚げの位置は案外と目立ちます。特に椅子に座っているときには、時折、帯揚げの位置を確認するとよいでしょう。

丈に関する注意点は、和装だけでなく洋装にもあります。

自宅に和室がなくても、料理店や神社仏閣などで、正座をすることがないとはいい切れません。昔は正座をするときに、なるべく膝が見えないほうが、女性として慎みがあるとされていましたので、特に年配の方は気になさる方が少なくありません。

正座をすることが予期できる場合は、膝が完全に隠れないとしても、正座になるときにスカートの裾がどの程度上がるのかということを事前に確認し、周囲に不快感を与えない丈のスカートで外出することが好ましいです。

葬儀の席では、故人やご遺族に対して深いお辞儀を行います。このとき、後ろ姿が周囲の目に入ることが十分に考えられますので、長めのスカートを着用しましょう。

一方で、最近は、オーバーサイズのゆったりとした洋服が好まれる傾向にありますが、こうしたデザインは、カジュアルな印象をつくり出しやすいものです。したがって、自分の好みの服装をすべての状況で着用することは避けるべきではないかと思います。

公式に近い席ほど、周囲に合わせるこころがけを忘れてはならないのではないでしょうか。たとえ高価なデニムであっても、同席者に奇異な印象を与えることは、出席者としての責任を果たしていないようにも感じるからです。

お化粧は第一の嗜み

さて、お化粧は女性の身だしなみのひとつです。

以前と比べて、ファンデーションは薄づきのものに人気があり、お化粧が全体的に、自然な仕上がりになっています。

しかし、この「自然な仕上がり」と、お化粧をしないこととは異なります。武士が、戦場でいつ命を落としても恥ずかしくないようにと、顔色が優れないときはほお紅をつけていたように、最低限の身だしなみとしてのお化粧は必要なのではないかと思います。

江戸時代に記された小笠原流の伝書に、

今朝に及びたらんに　かならずしもその姿にて君主　父母　対面あるまじき事。対面に及ぶには御けわい候てあるべく候。これ第一　女子の嗜たるべし

と、朝起きたままの姿で夫や父母に会ってはならない、まずお化粧をすることが第一の嗜《たしな》みとされていました。また、

昼の御姿。昼は御けわい改め候てよく御入候。朝より昼までの間には　かならず御けわいも散り　御髪も乱れ　見苦しくなり候

と、昼には化粧直しをしなければならない、朝から昼までの間には化粧崩れをし、髪も乱れて見苦しくなっているから、と述べられています。

この教えの後には、夕方には髪を撫《な》でつけ、眉や着物の着崩れを直し、姿見で自分の姿を確認してから夫と対面するように、という心得も記されています。

お化粧については、「薄々とあそばされよ」と、薄めがよいとあります。続けて、

白じろしききわに　あかあかとあそばされ候事　さりては公界《くかい》をもご覧じなきか　または　御嗜のあしかるべきと　かたわらにて　人の沙汰し候もうたてしく　よくよく御心を添えられまいらせ候べし

と、おしろいを厚く塗り、ほお紅を濃くつけるなどの厚化粧をすると、公の場での心得に欠ける、あるいは嗜みがないなどと人の噂《うわさ》になってしまうので、注意しなければならないとも説かれています。

さらには、

殊に御鼻くちびるに御心添えられずば　見苦しきものにて候

と、鼻や唇にポイントを置いてお化粧するようにともあります。

知人のメーキャップアーティストの方から、目元を濃くしたら、口紅は薄い色を合わせるなど、足し算と引き算をしながらお化粧をするほうが、バランスが取れて好ましいと伺ったことがあります。

顔全体ではなく、どこかにポイントを置いてお化粧をすることは、いつの時代にも共通する心得なのかもしれません。

装いや身だしなみの原点は、慎みのなかに美しさを求めようとこころがけることではないでしょうか。この点を外国の方にも理解を深めていただけると嬉しいです。

状況や相手に合わせた身だしなみにこそ、日本人が伝統のなかで育んできたこころ遣いを反映させることが望ましいのではないかと思います。

◇着物のときの所作や扇子について教えてください

立つ・座るの動作

和室においての立つ・座るの動作の流れは、基本的に和服か洋服かで大きく変わることはありませんが、着物での立つ・座るには、裾まわりに注意しながら行うことが求められます。

まず立つときは、裾を踏まないようにしながら片足ずつつま先を立てて跪座《きざ》（跪《ひざまず》いた状態のことで、左右の足のつま先と踵《かかと》を合わせた上に腰を落ち着かせる）になってから、下座足《げざあし》を徐々に前に踏み出します。

次に上体を揺らさず腰を曲げないように注意して立ちはじめます。

踏み出した足が伸び切るまでに後ろの足を前に運び、両足を揃えます。

座るときは、下座足を半歩ほど後ろに引いて両膝を曲げて腰を落としていきます。このとき、一定の速度を保ち、垂直に身体を落とすことがポイントです。

下座足の膝が床についたら反対側の膝も床につけ、跪座になります。このときに上前《うわまえ》や裾の乱れを整えましょう。

跪座から片足ずつ足を寝かせて腰を落とし、親指を重ねて、正座になります。

歩き方の基本

歩き方は、正しい姿勢や、立つ・座ると同様、あらゆる動作の基本といえます。室内の歩き方には、ねる、はこぶ、歩む、進む、はしるなどと様々あり、速くなるほど息も早くなり、歩む幅は小さくなります。

一般的には「歩む」という、歩き方の基本を身につけておくとよいかと思います。

まず背筋を伸ばして、あごを引き、腰を据えた状態をつくります。視線は三メートル程度先の床に定めます。踏み出した足に力を入れすぎず、残っているほうの足に体重をかけ、身体が前方に行くにしたがって重心を後ろから前に移動させます。イメージとしては、足裏が地面と平行になるように、後ろの足を静かに前に運ぶように歩くとよいでしょう。

忘れてはならないのは、上体は少々前に倒すと、体重移動もしやすく、慎んだ印象をつくることができるということです。

草履を履くとペタンペタンと音がしてしまう、下駄を履くとガラガラと引きずってしまうなどというときは、ひと足ごとに重心の移動が途切れていると心得ます。

畳の上を歩くときとは大きく異なる靴での歩き方の基本は、膝を曲げずに、足を前方へ振り出し、踵から着地します。このように歩く際にバランスをとるには、手を振り、姿勢も前傾ではなく、背筋を伸ばして、まっすぐな状態を保ちます。

階段の昇り降りの際のこころがけ

外国人と比べると、日本人の歩き方が素敵ではないといわれるのは、膝が曲がっていることが大きな要因といえます。

日本人が膝を曲げて歩いてしまうのは、上体をほとんど動かさず、手を振ることもなく、すり足で歩行する歴史が長かったからかもしれません。すり足は、湿潤な風土のなかで、着物の裾が汚れないように生まれた歩き方ともいえましょう。

江戸時代には、歩き方でその人の年齢や職業がわかるとまでいわれたようですが、靴での生活のほうが慣れている現代の方も、着物のときには、前述のような足運びをこころがけてください。

女性は、歩くときに上前が大きく開かないように、右手で軽くおさえます。特に階段の昇り降りでは、ふくらはぎが出ないように注意し、上前をおさえて裾が乱れないようにします。

階段を昇るときには、腿の力で身体を押し上げるようにします。膝で上がると裾が引っぱられてふくらはぎが見えやすくなってしまうからです。階段に足をかける際、深く足をかけてしまうとふくらはぎが見えることもこころに留めておきます。身体を少々斜めにして昇ってもよいかと思います。

階段を降りるときも、腿を意識し、脚全体を降ろすようにこころがけます。こはぜが外れていたり、足袋が汚れていると、階段の昇り降りのときに目立ちやすいので、気をつけましょう。

ここ数年、浴衣や着物の貸衣装店が増え、外国人観光客の方々の和服姿も多くお見かけします。日本の民族衣装に親しんでくださるお気持ちは大変嬉しいのですが、すでにご紹介したように、胸元や裾まわりがはだけないように身だしなみを整え、素敵な装いをこころがけていただくことを願っています。

和服で動くときに気をつけたいこと

次に、和服で「ものを取る」際の心得についてお伝えしたいと思います。

電車やバスのつり革につかまるときや、遠くのものを取ろうとして腕を大きく前に出すときなどは、袖口が開いて長襦袢や下着が見えてしまうことがあります。袖口は人の目につきやすいものです。乾杯でグラスを上げるときも同様ですが、できる限り左手で袖口を持つようにすると、品格を保つことができるでしょう。

車の乗り降りの際にも、注意することがあります。

和服、洋服いずれの場合でも、基本として、足から先に車内に入ることは望ましくありません。座席に腰を浅めに下ろし、それから足を中に入れます。

和服のときは、袖も注意しながら車内に入ります。また、和服の際は奥の席に移動しにくいので、洋装の方が奥の席に座るこころ遣いも必要です。

和室においては、座布団に座ることがあるかと思いますが、このときに、和服にかぎらず洋服でも、足で踏みながら座ることは、もてなしてくださる側に失礼です。

これを避けるには、座布団の下座横で跪座になり、膝から座布団に入り、手をついて身体を座布団の中心へと移動します。あるいは座布団の後ろで跪座になり、膝を座布団にのせてから手をついて座布団の中心に移動することもあります。どちらの場合も、着物やスカートの裾が乱れたままにならないように整えましょう。

扇子の歴史——神仏と人とを結ぶ

ところで、着物姿に欠かせない小物といえば、扇子です。

扇子は、もとは「扇《おうぎ》」といい、うちわのことを指していました。葉を利用してできた扇は、やがて奈良時代から平安時代にかけて、檜の薄板二十から三十枚をつづり合わせた檜扇《ひおうぎ》へと変化します。女性が用いた檜扇を衵扇《あこめおうぎ》とも呼びます。

檜扇は、正装以外では、主に冬用の儀礼用として用いられ、夏は紙扇が用いられました。扇は、単に涼をとるためだけのものでなく、儀礼や祭祀の場において欠かせないものでした。

神仏と人とを結ぶために、扇は必要不可欠のものであったといえましょう。現代においても、島根県・佐太《さだ》神社に現存する国内最古ともいわれる檜扇は、近年までは御神体に準ずるものとして本殿に安置されていたそうです。ほかにも、山形県・春日神社では、扇を御神体とする祭礼が行われます。

また、和歌山県・熊野那智大社で毎年七月十四日に行われる例大祭の火祭りは、別名、扇会式《おうぎえしき》、扇祭《おうぎまつり》とも呼ばれています。熊野那智大社に祀られる熊野の神々は、もとは現在の那智の滝付近で祀られており、その神々を今から約千七百年前に那智山中腹にお遷《うつ》ししたのが熊野那智大社の始まりということです。十二体の神々が、那智の滝まで年に一度里帰りをされるにあたり、十二本の大松明《おおたいまつ》でお迎えし、道々を炎で清める神事です。

十二体の神々を、御滝《みたき》の姿を表した高さ六メートルの扇神輿《おうぎみこし》十二体にお遷しし、熊野那智大社から御滝へ渡御《とぎよ》するのですが、この神輿に扇は欠かすことができません。

扇子の変遷

また、扇に和歌を書いて贈るなど、贈り物としても活用されました。

扇は十世紀末には、日本の特産品として中国にも渡り、中国では扇子の人気が高まったようです。

紙扇は平安時代から存在するともいわれますが、蝙蝠《こうもり》が羽を広げている姿に似ているからということで、蝙蝠《かわほり》と呼ばれていました。

最初は、片面に五本程度の骨が露出していましたが、檜扇と同じく地紙（扇の骨を外した紙の部分）に金箔をほどこしたり、鎌倉時代には骨に透彫りをほどこしたものがつくられました。

また戦場においては、骨を黒塗りにして金や朱などで日の丸を描いた軍扇《ぐんせん》（武将が指揮に用いた扇）も登場しました。軍扇を鉄の骨でつくる風潮も広まり、軍陣用、護身用として親《おや》骨《ぼね》（両端にある厚く丈夫な骨）だけを鉄製にしたもの、中骨にも鉄を用いたもの、たたんだ形状で鉄製のものなど、様々な種類のものがつくられました。

室町時代には、中国からの逆輸入によって、二枚の地紙の間に骨を入れて貼る形状の扇ができ、貴族や武士のみならず、庶民にも扇の使用が許されました。

江戸時代には、扇売り（地紙売り）と呼ばれる、扇を売り歩く商人もいて、扇は一般にもますます広がっていきました。尾形光琳と並ぶ画家、俵屋宗達は、俵屋という画家工房を率いて、下絵や扇絵などの仕事をしていたようですが、この時代は扇絵を描かなかった絵師はいないともいわれています。

また茶道や能などにおいては、それぞれの流派によって決まった形状のものが使用されています。小笠原流礼法でも、礼のこころを表すものとして挨拶の際には扇が欠かせず、古文書には扇の渡し方や扱い方など、扇に関するあらゆる心得が説かれています。

扇子の心得

扇子を扱ううえでひとつ覚えておくとよいのは、扇子は身の代わりになるということです。たとえば、どなたかに呼ばれて和室に入らなくてはならない状況で、室内には身分の高い方ばかりがいらっしゃるといたしましょう。畏《おそ》れ多くて室内に入ることは憚《はばか》られる、しかしながら、ご用を仰《おお》せつかるには室内に入るほかない。

このようなときには、まず己の身の代わりとして、扇子を室外の襖《ふすま》の手前あたりに置き、それから襖を開けて室内に入ることで、慎みのこころを表すことができます。

こうしたことを知ると、扇子は自分の身体の一部と捉えることができるのではないでしょうか。すると、扇子を扱う際には、他者の邪魔にならず、周囲に失礼にならないようにというこころがけが生まれます。

また、扇子は片手でも十分に扱うことのできる大きさで、軽いものですが、だからこそ、丁寧に両手で扱って相手への敬意を表します。

さらに要《かなめ》（扇の骨を留める場所）は、とがってはいないものの、周囲の人の顔に当たるなどすれば危害を与えかねませんので、注意が必要です。

扇子の扱い方がわからないまま、無理に身につけることはありませんが、扇子は神を招き、時として武器にもなり、相手への慎みを表し、風を起こすという、様々な機能があります。人と人とを結ぶ大切な存在ともいえましょう。

扇子のことを「末広《すえひろ》」とも呼びますが、そこには、末にいくにしたがって広がり、次第に栄えていくという、おめでたい意味も込められています。

こころをかたちに表すひとつとして、特に改まった場に相応《ふさわ》しいものであるということだけでも理解をする気持ちが重要ではないでしょうか。また、このような扇子の特性を、ぜひ外国の方にもお伝えいただけたらと思います。

◇慶弔に関する服装の心得について教えてください

場への相応しさが大切

慶弔すべての場で忘れてはならないことは、自分が主なのではなく、いかにその場に相応しい装いをこころがけるかということです。

和服、洋服、ともに正礼装、準礼装、略礼装がありますが、ここではあえて詳細は控え、最低限の心得についてご紹介いたしましょう。

和服での正礼装は、未婚者は振袖、既婚者は五つ紋（背中の中心・両胸・両外袖）付きの留袖です。

準礼装は、三つ紋（背中の中心・両外袖）、または一つ紋（背中の中心）付きの訪問着です。

略礼装は、付け下げや色無地などですが、一つ紋を入れると格が上がります。

家紋については先述しましたが、平安時代から続くもので、当時は公家が家紋を蒔絵《まきえ》で牛《ぎっ》車《しゃ》につけたことがはじまりといわれています。武家では戦場での旗にも家紋が使用され、どの家の者であるかが一目でわかるというものでもありました。

生地を染める前の段階の下地の白で紋を表す「染め抜き紋」が最も格が高く、さらに染め抜き紋には、日向紋《ひなたもん》（表紋《おもてもん》・定紋《じょうもん》）、中陰紋《ちゅうかげもん》（日向紋と陰紋《かげもん》の中間）、陰紋（裏紋）があります。

日向紋は最も格が高く、留袖や喪服などの正礼装に用いられます。中陰紋は陰紋よりも太い白線で輪郭を表します。陰紋は、紋の輪郭のみを白い線で表します。

ちなみに、日向紋が一つの場合よりも、中陰紋を三つ入れるほうが格は高くなります。色で紋を描く染め紋、刺繍で表す縫い紋、しゃれ紋・加賀紋とも呼ばれる、家紋をアレンジしたり草花や動物などをモチーフとした家紋、布に家紋を描いたものを着物につける貼り付け紋など様々な入れ方があり、それぞれに格に違いがあります。しゃれ紋は華やかではありますが、入れることで格が上がるわけではありません。

お祝いの気持ちを表すこころ遣い

慶弔の席での洋装に関しても、ポイントについて触れておきましょう。

昼間のお祝いの席では、肌の露出は少なくし、アクセサリーは真珠など、光沢感を抑えたものを身につけます。

結婚式において、白は花嫁の色ですので、白または白に近い色は避けます。披露宴でのお色直しの色があらかじめわかっている場合には、その色を避けることも当然の心得です。

夜のお祝いの席においても、過度な肌の露出は控えますが、アクセサリーは光沢のあるものを身につけてもよいでしょう。

昼間の披露宴でタキシードをお召しになっている男性の方がいらっしゃいますが、タキシードは燕尾服《えんびふく》と同様に夜の装いです。昼間の正装はモーニングコートです。

「平服」と招待状に記されている場合でも、決してカジュアルな普段着でよいわけではないことも忘れてはなりません。女性はワンピースやツーピースなどドレッシーなもの、色無地や付け下げ（訪問着のように仮仕立てされていない、反物のままで柄がすべて上向きに描かれている着物）が適しています。男性はダークスーツにネクタイやポケットチーフで華やかさを加えましょう。

通夜での心得

お祝いの席と比べて、日本特有の心得が必要な場が、弔事《ちょうじ》の席ではないかと思います。まず、仏式《ぶっしき》では、通夜と葬儀・告別式の日が異なります。

本来、通夜は、遺族や近親者で灯明や線香を絶やさず夜を徹して行われるものですが、現在は半通夜と呼ばれる、午後六時または七時頃より九時頃まで行われる通夜が一般的です。

昔は死を穢れと捉えていたので、その穢れを他者に移さないようにと考えたために、故人と近しい間柄の人のみで行われたわけです。

通夜には、故人と親しかった人が、亡くなった知らせを受けてすぐに弔問にかけつけるという意味合いがありますから、喪服ではなく、落ち着いた色の平服で、アクセサリーなどは外して伺うことが基本です。喪服で通夜に伺うことは、亡くなることを予期していたかのようで失礼とされます。ただし、あらかじめ日時が知らされる場合はこの限りではありません。

通夜後の通夜振る舞いは、故人の供養と清めの意味があるので、ご遺族からすすめられたときにはできるかぎりお断りしないようにいたしましょう。

葬儀・告別式の心得

最近は、葬儀と告別式の間に休憩を入れず、一般会葬者も葬儀から出席する形式が増えています。しかし本来、葬儀は、遺族や近親者で弔《とむら》い故人を成仏させるための儀式、告別式は、故人の友人や知人が最後の別れを告げる儀式で、葬儀と告別式は異なるものです。

仕事ややむを得ない事情のある場合は別として、故人と親しい間柄で通夜に伺う場合には、葬儀と告別式にも出席することが基本であることを忘れてはなりません。

葬儀、告別式には喪服で伺いますが、黒の色ならば何でもよいわけではなく、服、靴、ハンドバッグなど、すべて光沢感のない素材で金具が用いられていないものが好ましいです。

寒い冬の日は暖かいコートを着て出かけたいものですが、だからといって弔事の席に毛皮を用いることは避けましょう。なぜなら、特に仏教において、毛皮は殺生に繋がるということがあるからです。

また、仏教にかぎらず、弔事の場での毛皮は好ましくありません。昨今は、光沢がなければ、黒革の靴やハンドバッグでもよいとされますが、本来は、同様の理由から布製が望ましいのです。

また、暖房が入っていなくても、外のほこりを室内に持ち込まないという観点から、室内ではコートを外す配慮も大切です。

女性は髪留めにも光沢感のないものを選びましょう。指先のマニキュアやジェルネイルなどに派手な色やデザインがほどこされている場合は、できる限り落とすことが社会人として持つべき配慮です。

外国人の方は、弔事の席でアクセサリーを身につけないことは、かえって故人への敬意に欠けると考えられるかもしれませんが、日本では真珠、ジェット、黒真珠などかぎられたもののの一連のネックレス（二連以上は悲しみごとが重なると考えられているので避ける）とイヤリングをつける程度で、華美にしないことが基本です。結婚指輪でも、ダイヤが用いられていて光を放つ場合など、外すことが好ましいデザインもあるでしょう。

「喪」と「忌」の意味

親族が一定の期間、喪に服し、忌み慎んで生活をすることを忌服《きぶく》といいます。忌とは穢れを忌むこと、服は喪服《そうふく》を意味します。服忌《ぶっき》、服喪《ふくも》ともいいます。

忌中《きちゅう》（四十九日、五十日祭《ごじゅうにちさい》など）は、神道に基づき、本来は門戸を閉じて外出を控え、お酒を飲まず、魚肉も口にしないなど、様々な決まりごとがあります。

「喪」は故人を自発的に偲《しの》ぶという意味があるのに対して、「忌」には身を慎むという意味があります。すなわち死を穢れと捉えているわけです。現在は喪と忌が混同しているといえましょう。

喪服は、もとは白であったものが、中国の喪服を取り入れようとした際に錫色《すずいろ》と勘違いし、平安時代において貴族の中では鈍色《にびいろ》（藍色がかった薄墨色）が喪服の色となり、さらに濃い色へと進んだために黒が用いられるようになりました。しかし、室町時代には喪服は白となり、明治時代からは西洋文化の影響により現在の黒が定着しました。

外国人、または日本人でも、死を穢れと捉えることのない宗派の方々にとって、喪に服するという考え方は馴染まないかもしれません。

しかし宗派を問わず、故人を悼《いた》み、偲ぶ気持ちを、弔問者が喪服で表すことはあってもよいのではないかと思います。

また日本では、弔事の席で雑談や笑顔を控えるなど、海外の方にとっては違和感を覚えることがあるかもしれません。

結婚や葬儀など、特に主となる方の人生で一度と考えられる場に伺う際、列席者は状況と立場を踏まえた責任感のある服装をこころがけましょう。

◇浴衣の着付けを教えてください

着物未経験の方におすすめの、浴衣の着付け

浴衣《ゆかた》は、平安時代、貴族が蒸し風呂に入る際に水蒸気によってやけどをしないように、また汗を取り、身体を隠すために着ていた湯帷子《ゆかたびら》がはじまりとされています。その後も、湯上りに着るものとして活用されていました。

その頃の浴衣は麻でしたが、江戸時代になると綿が普及したこともあって、庶民の間で広まり、明治時代には普段着として用いられるようになりました。

現代において、浴衣は素敵な色柄のものもあり、普段着よりもおしゃれな雰囲気のものが増えましたが、綿素材であり、長襦袢や足袋を着用しないこと、帯には帯締《おびじ》めや帯揚げもしないことから、あらたまった場には相応しくないということはこころに留めておくことが必要です。

しかしながら、今まで和装に興味を持てなかった方が、浴衣を着て外出する機会を持つことはよいと思います。それにより、今度は着物を手に取りたくなるかもしれませんし、着こなしのうえでも、着物との接点が多くあるからです。

また着物は、帯を含めて次世代まで受け継ぐこともできるほど長持ちするものではありますが、浴衣と比べると値が張ります。まだ和装の経験がない方、外国から観光にいらっしゃる方などには、まずは浴衣をお召しになることをおすすめいたします。浴衣が備えられている旅館やホテルに宿泊する場合には、自ずとお召しになる機会もあることでしょう。

男性の浴衣は身長に合わせた対丈《ついたけ》、女性は身長よりも丈が長い分、おはしょりがあります。

女性の浴衣の着付けについて、次ページからイラストで簡単にご説明いたしますので、ぜひ外国の方がお召しになるときの参考になさってください。

浴衣の着付け

着物の部分名称

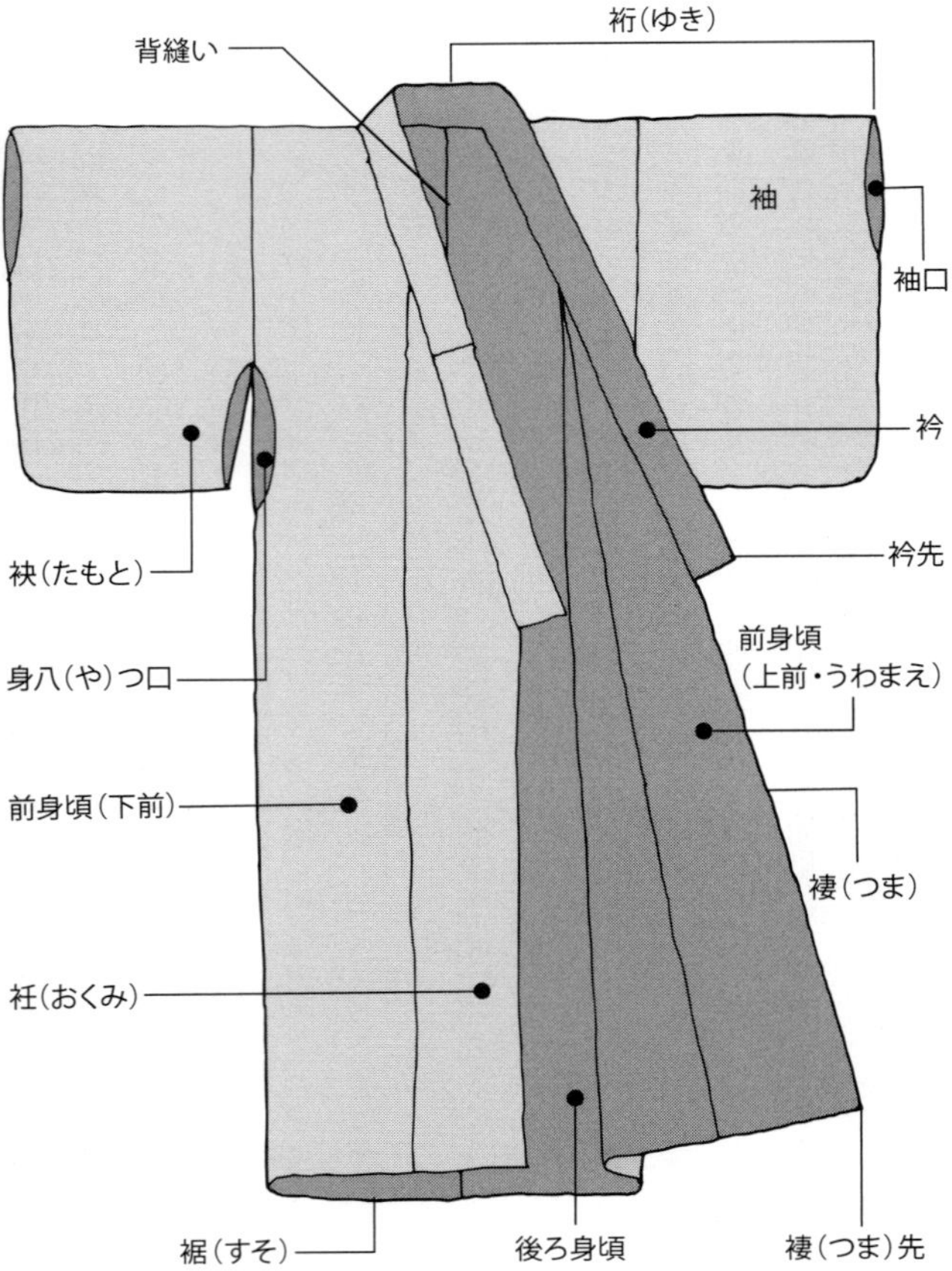

下着を着て、補正をする

まず、下着をつけます。ウエストのくびれをなくすために、胴にタオルを巻き、腰ひもで固定します。

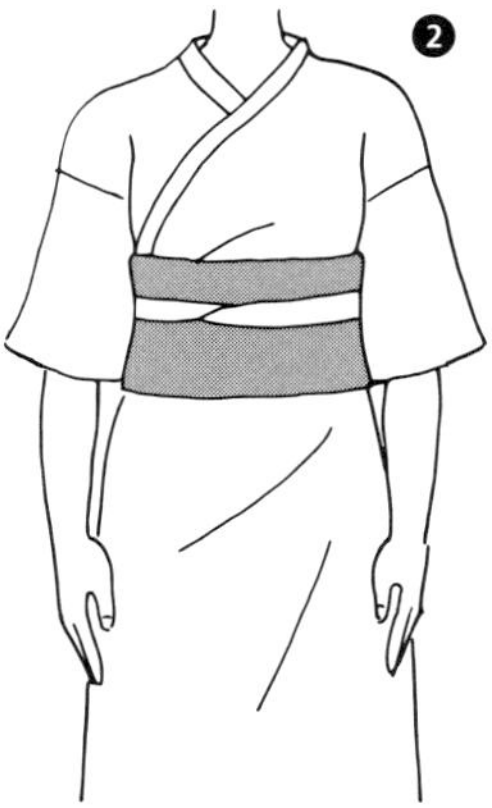

腰ひもをきつく締めると苦しくなるので、ゆるまない程度に結びます。

女性の浴衣……………………………………………………

準備するもの

浴衣、下着、半幅帯、帯板、伊達締め、腰ひも2～3本、ウエスト補正用タオル数枚

浴衣を着る

浴衣をはおり、左右の衿先をそろえて、衿の中ほどを持ち、身体の中心にあわせて軽く前へ引きます。

もう片方の手で背縫い部分を持ち、背縫いが身体の中心にくるようにします。

両手で衿先を持ち、裾線がくるぶしあたりにくるように調節します。

次に、左手に持った前身頃（上前）をあわせて、褄の位置を決めます。

一度左手をもどして、上前がゆるまないように右手で持った前身頃(下前)をあわせ、左の腰のほうへ巻き込みます。

再度、上前を重ねあわせます。このとき上前の褄先が下前の裾線より2～3㎝、短くなるようにします。

押さえている上前の右腰に腰ひもをあて、ひもの中心が前中心にくるようにして、水平に巻きます。

腰ひもを脇で結び、余分は挟み込みます。

おはしょりの形を整えます。身八つ口から手を入れて、まず身体の前のおはしょりをきれいにおろします。

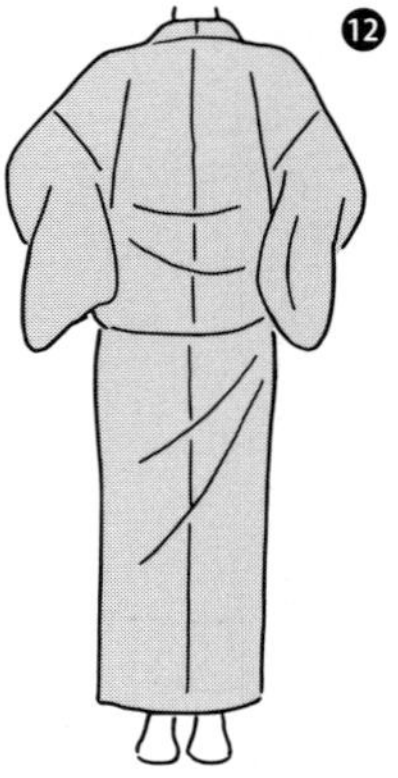

背中心がずれないように注意しながら、後ろのおはしょりも同様にします。

衿の形を整えてから、胸の下あたりにひもを巻きます。まず背中心を持って、後ろ衿を、首との間にこぶしが一つ入るくらい抜き(引き)、前は、衿のあわせが、のどのくぼみにくるように調節します。

ひもは脇で結んで、余分を挟み込みます。

⓯

背中側のひもに両手の人差し指を下から入れて、前へ移動させながら後ろ身頃のシワを脇に向かって伸ばします。

⓰

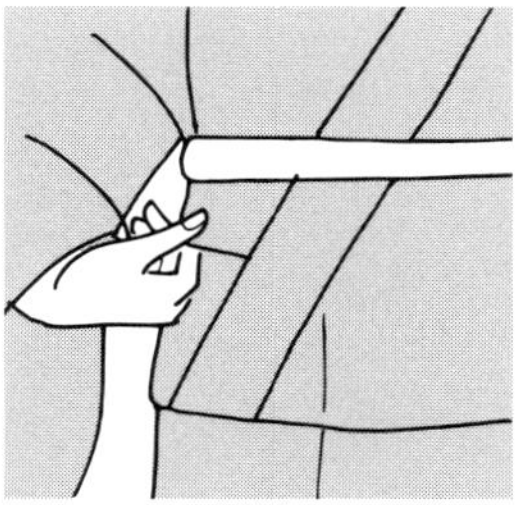

前身頃のシワも同様に、脇に向かって伸ばし、身八つ口でそれぞれの余分を、前身頃分を上にして重ねあわせます。

⓱

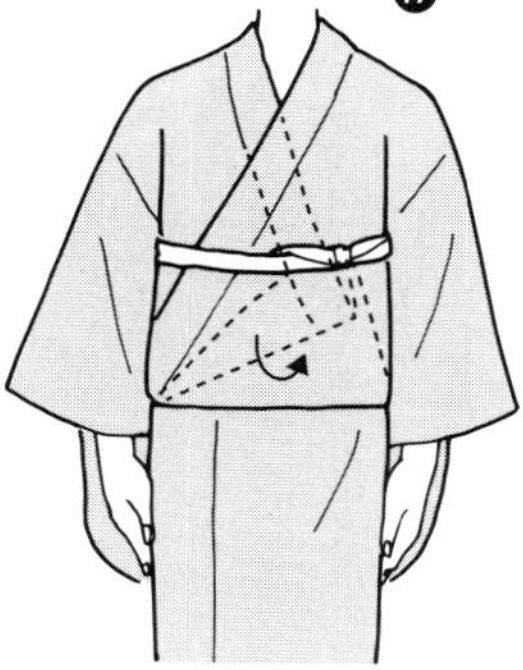

上前と下前のおはしょりの重なりをすっきりさせるため、下前のおはしょりを内側に折り上げ、先をひもに挟むようにして、おはしょりの下部を一重にします。

伊達締めを巻く

⑱

伊達締めの中心を、ウエストよりやや上の身体の正面にあてます。

⑲

伊達締めの両端を後ろにまわし、斜めに折り返して交差させ、背中を平坦にします。

⑳

正面で結びます。このとき、ゆるまないように2度からめ、左端を右へ、右端を左へねじるように交差させ、左右の端は、伊達締めに挟み込みます。

帯を結ぶ

㉑

伊達締めの上に帯板をつけます。ベルトがついていない帯板の場合は、帯を結び終えてから帯の間に入れます。

㉒

帯の端から 50 ～ 60 ㎝ほどを半分に折って、「て」をつくります。この部分を左手に、反対側（「たれ」）を右手に持って、後ろから前へと巻きます。

㉓

「て」は右肩にあずけ、「たれ」を巻いていきます。

㉔

２周巻いて、「たれ」が前にきたところで、内側斜めに折り上げます。

㉕

「て」を「たれ」の上へおろして、交差させます。

㉖

「て」を「たれ」に通して結びます。

㉗

「て」と「たれ」の結び目をタテにして、今度は「て」を左肩に仮置きします。

㉘

残った「たれ」で羽根をつくります。

29

「たれ」を胸幅より少し長めにとり、三面の巻きだたみ（すのこだたみ）にします。「たれ」の残りの長さは人によって違うため、長短を加減しましょう。

30

羽根の中央に人差し指を置き、上を親指、下を残りの指で押さえて2つの山をつくり、胴に巻いた帯の上のほうにもってきます。

31

「て」を羽根の中央部にかぶせるように2回巻きます。

32

「て」の先を帯と帯板の間に差し込みながら、半分に折られていた「て」を広げ、帯の下へ引っぱります。

33

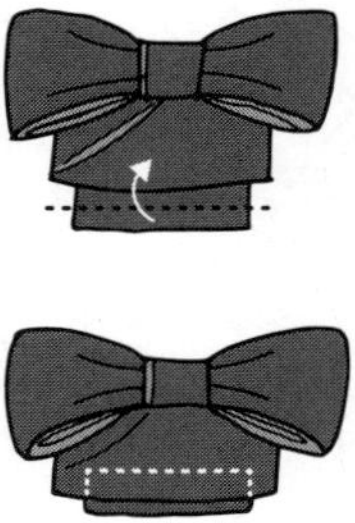

下に出た「て」が長い場合は、帯下から2～3㎝出るくらいまで、内側へ折り込みます。

34

結びが上を向くように起こすと、帯下から出ていた分が引かれて、帯の中へ隠れます。

35

羽根の先を下げて、左右対称になるように形を整えます。

36

帯を数回に分けて、右回りで後ろへまわします。逆にまわすと、衿元や上前が開いて着崩れてしまうので注意しましょう。

37

38

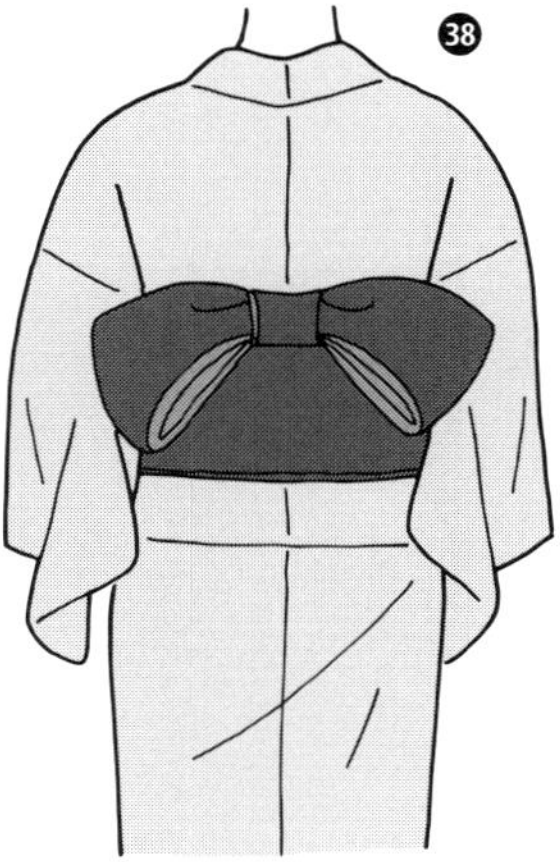

付録【日本の年中行事】

日本で行われている年中行事について、主なものを簡単にご紹介します。

◆正月

元旦の日の出とともに、歳神様（お正月に各家に訪れる農耕神または祖霊）がいらっしゃると考えられ、それを拝む慣習です。元日に社寺に参詣して、新しい年の多幸を祈ります。大晦日《おおみそか》の夜にお参りすることを除夜詣《じょやもうで》といい、昔は一度帰宅した後に、年が明けてから改めて初詣に出かけていました。

家々では神様の依代《よりしろ》（神様が降臨し依りつくところ）となる松を室内外に飾ります。たとえば、玄関には門松を飾り、しめ飾りで家全体を清めて、歳神様を迎える準備をします。鏡餅は、魂をかたどったものともいわれ、正月飾りには欠かすことができません。

また、一日から三日までの三日間は、お雑煮やおせち料理のみならず、お屠蘇《とそ》を飲むことも大切です。「蘇（悪鬼）を屠《ほふ》る（打ち負かす）」からそう呼ばれるようになったとの説もある屠蘇には、無病息災を祈るだけでなく、ご馳走やお酒をいただいて弱っている胃腸の働きを高める効果もあるのです。

◆人日《じんじつ》の節供

一月七日は一年で最初に迎える五節供《ごせちく》のひとつ。七草の節供とも呼ばれ、この日には、せり、なずな、ごぎょう、はこべら、ほとけのざ、すずな、すずしろの七種が入った七草がゆをいただきます。

◆鏡開き

一月十一日は、鏡餅を下げて、割っていただきます。武家では「切る」ということばを避けて「開く」と表現したことに由来します。また、開くには「運を開く」という意味も込められています。

◆成人の日

加冠《かかん》の儀がもとといわれる成人式ですが、武家では元服と呼んでいました。現在は一月第二月曜日に満二十歳の人を対象に行われます。

◆節分の豆まき

節分とは立春、立夏、立秋、立冬の前日を指し、季節の変わり目として重要な日です。宮中行事の追儺《ついな》が節分の起源とされますが、「福は内、鬼は外」と唱える行事が一般的に広まったのは江戸時代以降からといわれています。

豆まきは、厄を祓い、自分の年齢の数またはひとつ多くの豆をいただき、次の季節に備える行事です。

◆上巳《じょうし》の節供(ひなまつり)

雛人形を飾り、菱餅《ひしもち》や桃の花を供えて、白酒で祝う女の子のお祭りです。本来は旧暦三月の最初の巳《み》の日を指しました。

かつてこの日は悪日《あくにち》とされたため、日本では形代《かたしろ》といって人のかたちを紙でつくり、これで自分の身体を撫でて身の穢れを移し、海や川に流して災厄をまぬがれるという習慣がありました。これが江戸時代から雛人形へと変化し、祝うようになったのです。

◆お彼岸

春分の日（三月二十日頃）を中心に前後三日間、合わせて七日間をお彼岸と呼びます。この日は太陽が真西に沈みますが、仏教では、阿弥陀様のいらっしゃる極楽浄土は真西にあるとされています。このことから、阿弥陀様を礼拝するのに相応しい日とされ、先祖の成仏を願い、供養するようになりました。

お彼岸には、春はぼた餅、秋はおはぎを供えます。

◆端午の節供

「菖蒲《しょうぶ》の節供」ともいわれます。薬草としても用いられた菖蒲には邪気を祓う力があるとされていました。

「菖蒲」は「尚武《しょうぶ》（武勇を大切にすること）」にも繋がり、かぶとや武者人形、鯉のぼりなどが飾られるようになった江戸時代からは、男の子の節供として定着しました。古くから鯉は「鯉の滝のぼり」といわれ、出世魚として知られ、また鯉が龍門を登って龍になるという故事にもちなんでいます。

◆七夕

牽牛《けんぎゅう》と織女《しょくじょ》が年に一度だけ会うことを許されたという中国の伝説に、日本の伝承「棚機津女《たなばたつめ》」の伝承が重なり、また「乞巧奠《きっこうでん》」という女子の裁縫などの上達を祈った行事とも結びついた行事です。短冊に願いごとを書いて笹竹に飾ることが定着したのは江戸時代からです。この笹竹は穢れを祓うということから、川や海に流す地方があります。

◆土用の丑の日

鰻《うなぎ》をいただくことで有名ですが、丑の日の「う」にかけて、夏負けしないようにと江戸時代に定着した風習です。土用は年に四回あります。立春、立夏、立秋、立冬の前の十八日間です。

◆お盆

一般的には、十三日の精霊《しょうりょう》迎えから十六日の精霊送りまでの期間、盆棚を設けて先祖を供養します。盆棚は、仏壇前に小机を置いて、すのこなどを敷いたところに位牌を移し、灯明、季節の果物や野菜、白玉だんご、お水、そうめん、製菓などをお供えします。胡瓜《きゅうり》や茄《な》子《す》は、先祖が現世と来世の往来に用いる乗り物に仕立てて飾ります。

お盆の行事は、関東では七月、関西などでは八月に行われます。

◆重陽の節供

九月九日は一年を通じて五節供の中で最後の節供で、菊の節供とも呼ばれます。陰陽道において、奇数は陽の数。その奇数のうちで最も大きな九が重なることから「重陽《ちょうよう》」といわれ、邪気祓いや不老長寿を願う日になりました。

端午の節供から柱にかけてある薬玉《くすだま》はこの日、茱萸袋《しゅゆぶくろ》（茱萸嚢《しゅゆのう》とも呼ばれ、呉茱萸《ごしゅゆ》の実を緋色の袋に納めたもの。端午の節供の薬玉同様、邪気を祓う）に替えます。

◆お月見

十五夜（旧暦の八月十五日、現在の九月中旬から十月初旬頃）は中国から伝わった行事で、平安時代には貴族の間で観月の宴として行われ、江戸時代には一般の人々に浸透しました。里芋をお供えしていただくので、芋名月《いもめいげつ》とも称されます。また、旧暦の八月十五日を中秋《ちゅうしゅう》ということから、中秋の名月とも呼ばれます。

さらに、日本固有といわれる十三夜《じゅうさんや》（旧暦九月十三日）があり、どちらか一方のみを観賞することを片見月《かたみづき》、もしくは片月見《かたつきみ》といい、好ましくないとされています。

◆**七五三**

十一月十五日は、氏神様へ収穫を感謝し、子どもの成長と神の加護を祈願する七五三の日です。地方によって異なりますが、一般的には三歳は男女、五歳は男子、七歳は女子のお祝いをします。「七歳までは神の子」といわれ、昔は子どもは早逝することも珍しくなかったため、子どもの厄を祓うためのものだったのです。

◆**すす払い**

歳神様を迎える準備をするのは十二月十三日、すす払いの日からが基本ですが、十二月八日から始めるところもあります。すす払いとは、文字の通りに家内にたまったすすやほこりを清浄にします。現代では年末に大掃除をしますが、ゆとりを持って屋内外の掃除をはじめるとよいものです。

◆除夜の鐘

大晦日には年越しそばをいただき、除夜の鐘の音を聞きます。年越しそばには細く長く生きる、という長寿の願いが込められています。また、除夜の鐘は百八回つくのですが、最後のひとつは新年を迎えてからつきます。除夜の鐘の数は人間の煩悩《ぼんのう》を祓う、また十二か月と二十四節気と七十二候を足した数に基づくともいわれます。

◆還暦と長寿の祝い

年中行事ではありませんが、長寿の祝いについてもご紹介したいと思います。

満六十歳で十干十二支《じっかんじゅうにし》が一巡して、生まれた年にかえることが「還暦」です。干支が一巡して還《かえ》る、また赤は厄を祓うということから、お祝いに赤い頭巾やちゃんちゃんこを贈ります。

七十歳は古稀《こき》。昔は七十になることが稀であったことからです。

七十七歳は喜寿。喜の略字が「㐂」となることからです。

八十歳は傘寿《さんじゅ》。傘の略字「仐」が八十に見えることからです。

八十八歳は米寿。「米」の字が八十八に分けられることからです。

九十歳は卒寿《そつじゅ》。卒の略字「卆」が九十に見えることからです。

九十九歳は白寿《はくじゅ》。百から一を引くと「白」となることからです。

百歳は百賀《ひゃくが》、以後は百一賀、百二賀というように毎年祝います。

日本における長寿の祝いを、海外の方に漢字の意味を含めて説明して差し上げるのも、楽しいことではないでしょうか。

おわりに

２０２０年オリンピック・パラリンピック開催地が東京に決定する前から、小笠原流礼法をもとに日本文化を海外の方にもお伝えする拙書を上梓することができたら、と考えておりました。

その願いをやっと本書で叶えることができたのです。実現へ向けての喜びだけではなく、執筆中には、今まで気づくことができなかった、日本文化に関する新たな発見を得る機会にも恵まれました。

海外に出かけますと、日本人がいかに清浄感を重んじているのかを改めて感じます。その理由を外国人にお伝えする必要があるのではないかという思いを、胸に抱きながら帰国することが何度もありました。

また、外国人の友人に贈答品を差し上げると、品物の包みや水引にも興味を示してくださり、その意味を簡単にお伝えすると、こころからの笑顔で喜んでくださることが少なくなかったのです。


昨今、日本人であっても、自国の文化に関する理解や誇りを持つことが薄らぐ風潮が否めません。

しかし外国人の方と接する機会を持つことで、改めて日本文化を学んでみたいと思うことがあるかもしれません。すでに、そのような経験をなさった方もいることでしょう。


日本人、外国人を問わず、古来より日本人が大切に守り、受け継いできた文化を、どのような観点からお伝えすることが望ましいのでしょうか。

それを考えることは、私にとって、今までにない新鮮な挑戦でした。今までの伝え方では、単に堅苦しいと思われてしまうのではないかという危惧も抱きました。同時に、伝える角度を変えることで、新鮮なものとして受け止めていただけるのではないかという発想も生まれました。

たとえば、もてなしやこころづけの意味や理由について、海外のホスピタリティやチップと比較することにより、関心を持っていただきやすいのではないでしょうか。

何に関しても、人から無理にすすめられたことは長続きせず、習得も難しいものです。しかし、自らのこころで身につける必要性に気づき学びはじめる、それこそが己の成長のはじまりではないかと思うのです。

光文社新書編集長の三宅貴久様、草薙麻友子様、出版プロデューサーの久本勢津子様、その他関係者の皆様、小笠原流礼法の門人、多くの方々のお力添えにより、このたびの上梓を実現することができました。心底より御礼申しあげます。

読者の方々におかれましては、外国人に日本文化をお伝えするためのみならず、是非ご自身の日常をより豊かにする一助として、本書をご活用いただけましたら幸甚に存じます。

平成三十年十一月吉日

小笠原敬承斎

小笠原敬承斎（おがさわらけいしょうさい）

東京都生まれ。小笠原忠統前宗家（小笠原惣領家第32世・1996年没）の実姉・小笠原日英尼公の真孫。聖心女子学院卒業後、イギリスに留学。副宗家を経て、'96年に小笠原流礼法宗家に就任。約700年の伝統を誇る小笠原流礼法初の女性宗家となり注目を集める。門下の指導にあたるとともに、各地での講演や研修、執筆活動を通じ、現代生活に応じた礼法の普及に努めている。著書に『誰も教えてくれない 男の礼儀作法』『男の一日一作法』『武家の躾《しつけ》 子どもの礼儀作法』（以上、光文社新書）、『見てまなぶ 日本人のふるまい』（淡交社）、『美しい日本語の作法』（監修、小学館）など多数。小笠原敬承斎公式ブログ「素敵の出会い」

http://ogasawararyu-reihou.com/blog/

外国人《がいこくじん》に正《ただ》しく伝《つた》えたい日本《にほん》の礼儀作法《れいぎさほう》

2019年1月30日初版1刷発行

著　者 ―― 小笠原敬承斎

発行者 ―― 田邉浩司

装　幀 ―― アラン・チャン

印刷所 ―― 萩原印刷

製本所 ―― ナショナル製本

発行所 ―― 株式会社光文社

東京都文京区音羽1-16-6(〒112-8011)

https://www.kobunsha.com/

電　話 ―― 編集部03(5395)8289　書籍販売部03(5395)8116

業務部03(5395)8125

メール ―― sinsyo@kobunsha.com

ISBN 978-4-334-04390-2